CONSORCIO DEL **CÍRCULO DE BELLAS ARTES**

GOBIERNO
DE ESPAÑA | MINISTERIO
DE CULTURA

MADRID

Comunidad
de Madrid

VILAPLANA
CATERING

ephimera

AZOTEA
GRUPO

Sabadell
Fundación

ultra
marina
CATERING DESDE 1984

Sin ironías. Gravedad e importancia del humorismo

RAMÓN GÓMEZ DE LA SERNA

Edición y estudio introductorio de Alicia G. Hierro

Círculo de Bellas Artes

Presidente
Juan Miguel Hernández León

Director
Valerio Rocco Lozano

CASAEUROPA

Área de Edición del CBA

Diseño de colección
ESTUDIO JOAQUÍN GALLEGO

Impresión
KADMOS

© CÍRCULO DE BELLAS ARTES, 2026
Alcalá, 42. 28014 Madrid
Teléfono 913 605 400
www.circulobellasartes.com

© de los textos: Alicia G. Hierro, 2026,
Ramón Gómez de la Serna, 1930, 1931

ISBN: 978-84-129645-3-0
Dep. Legal: M-12543-2025

Sin ironías. Gravedad e importancia del humorismo

RAMÓN GÓMEZ DE LA SERNA

Edición y estudio introductorio de Alicia G. Hierro

Para mi padre, Pedro-César,
cuyo amor y humor
fueron siempre de la mano.

ESTUDIO INTRODUCTORIO

Alicia G. Hierro

La alegría severa

«El humor es el deber racional más indispensable,
y en su almohada de trivialidades, mezcladas
de gravedades, se descansa con plenitud»
RAMÓN GÓMEZ DE LA SERNA

A principios de un siglo XX desorbitado y aceleradísimo, Ramón Gómez de la Serna habló desde la valentía desinhibida, desde el arrojo del cuerpo sensible, abierto al mundo. Un cuerpo tembloroso y excéntrico que se exponía en la cuerda floja sobre el trapecio de la chaladura pública, manteniéndose milagrosamente en equilibrio. Ese era Ramón, sin más apellido, reducido su nombre a la mínima expresión, a gentilicio. Madrileño feliz que no tuvo la suerte de hacerse respetar como hacen, con encubrimiento y maña, algunos seres «serios», Ramón no era capaz de fingir para medrar, tampoco de ir de artista con gafas de intelectual (llevaba su monóculo sin cristal), era incapaz de hacerse el ser reverencial e intocable, pese a su estruendosa voz de perro ladrador, en el fondo, poco mordedor. Hacía novelas falsas para delatar la falsedad del panorama literario y social, para deshacer y desintegrar su aparataje. La alegría severa, adoptada como imagen de superioridad, como acto de defensa, le permitía hacer brotar greguerías y contagiar de estímulos estéticos el panorama más rancio y prejuicioso de su tiempo, lleno de rabia y violencias. Semanalmente, escenificaba su misa antilitúrgica y desmantelaba a los anquilosados fieles en su cuartel cafetero de Pombo, donde estallaban risas en caóticas revelaciones. Fue un idealista sin ideologías, no comulgaba en partidos, pero poseía una fe antibelicista, sin militancias, y huía de toda academia, fortín de cobardía y sumisión institucional. Nunca la seriedad le invadió el ánimo de temor, tan solo la muerte. Aunque su hiperyo le hiciera dar una imagen de geniudo, no por ello dejaría de asumir con sorna el *ramonismo* como otro ismo más de la lista vanguardista, riéndose hasta de su propia sombra. Tomada la verdad humorística por bandera, Ramón demostró en 1915, en la primera exposición de estilo cubista comisariada en Madrid, que se podía destacar a los artistas no por su técnica ni por su fama, sino por su integridad. La historia de cómo Ramón ostenta el título oficial de «humorista» la relata en su obra magna: *Automoribundia*. El episodio comienza en el mismo Congreso de los Diputados de la capital, donde su padre, Javier Gómez de la Serna, afín al progresista Canalejas, aspiraba a tener un escaño en la vida política. El capítulo lo protagonizó Ramón, sentado junto a su padre y su tío Toribio, de espectadores ante la Cámara. Él era joven, pero ya intuía la falsedad necesaria del espectáculo que presenciaba, seguramente también con deseos futuros de saltar a la palestra, pues «la tarde parlamentaria tenía esa bruma deliciosa que hace a los niños pensar en ser diputados alguna vez, espeso licor de circo en función de tarde y de academia en día de recepción». Ese día, sus progenitores le reconocieron como humorista. La anécdota consistió en una confusión inusitada: su tío le dio libertad para salir del recinto y le ofreció una moneda; Ramón pensó que era dinero y se negó a cogerla (en realidad era una chapa del guardarropa). Al darse cuenta de su error, Ramón declaró que si la moneda era para comprarse un gabán, entonces, sí aceptaría.

> Desde aquella tarde en que fui bautizado de humorista, ejerzo esa profesión, que no sé si es ventajosa o desventajosa. Desde luego, el ser humorista me ha costado no ser *ministro* por incompatibilidad de cargos, y me ha hecho tomar en la vida caminos raros y transversales.

Encima de su mesa, Ramón guarda un frasco de botica, un relicario blanco cuya etiqueta ha sido alterada y sobre la que ha escrito: «Ideas». Este frasco de las ideas es un arte encontrado, modificado, que llevaba a sus conferencias para inspirarse y sacar del vacío las palabras correctas. El objeto le hace confesar:

> No, no practico el humorismo [...] La sociedad me hizo humorista. Al principio acepté este título a regañadientes. Después me he visto forzado a figurar dentro de ese marco, que es como uno de esos marcos tristes donde se ponen los títulos universitarios, aunque crea yo que el humorismo únicamente puede curar la gravedad de decir cualquier cosa al público.

El humorista, considerado hoy un anexo poco práctico y casi prescindible de la vida social, no es el «cómico» profesional liberal que se ganaba la vida como intelectual o artista hace un siglo. Los pocos humoristas que hoy sobreviven económicamente hacen críticas en viñetas, vídeos cortos o programas en vivo, a lo más, son *influencers*. El humor ha mutado, el sentido del humor (ese sentido de la existencia absolutamente necesario) se va perdiendo paulatinamente, a medida que ganan terreno fanatismos, desfachatez y desmesura en el primer mundo (soledades y fracturas geopolíticas). Todas estas realidades arrasan cualquier pizca de ánimo positivo y «bienhumorado», contaminado por un insano estado de salud mental generalizado, manifestando ansiedades y trastornos que nada tienen que ver con el humor real. El poder desestabiliza a la población a base de calmantes artificiales, así como las noticias y las pantallas planas nos mantienen enganchados a sus provocadores circuitos.

El humor altruista y gratuito ha empezado a ser un simulacro también. La inocencia y la locuacidad humorística se han sustituido por tácticas interesadas, por operaciones rentables de compraventa, también en las relaciones personales. Y el humor sin pretensión egoísta, desactivado así por la artificialidad voraz, resiste en la trinchera, quizá sin fuerza para lograr revolucionar el espíritu. Nada escapa a la infraestructura de lógica aplastante, antihumorística. Vivimos aterrados, estupefactos y, a la vez, anestesiados ante tiempos oscuros dominados por grandes *trusts* e imperialismos. En España es acuciante el declive, preocupante en extremo el desgaste del humor, esa bella actitud que nos caracteriza. Donde otrora se mantenía un tono cordial y estimulante lleno de comunicación vitalista, ahora, con la ignorancia orquestada y consentida desde todos los rincones, hemos encontrado un sustituto a la verdad acrítica que quitaba peso, sonriendo a la vida.

¿De qué arma nos servimos, entonces, para el cambio?, ¿hay transformación posible sin humor?, ¿dónde se puede encontrar algún humorismo efectivo, redentor, un humor existencial, profundo, impactante y válido? Podemos pensar en muchos humoristas que, sin ser herederos directos, mantienen viva la llama ramoniana. Recordemos a los artistas escénicos, desde Los Torreznos a Esther Ferrer o La Ribot, pensemos en ilustradores como Flavita Banana o El Roto, en creadores de shows como *Deforme Semanal* o *Pantomima Full*. Revisemos los trabajos subversivos de Homo Velamine, foco reciente vanguardista que vino a sembrar un ultrarracionalismo poético, en el límite de lo legal. Y tantos ejemplos más.

Ramón Gómez de la Serna no usó el humor como un negocio (ni siquiera fue rentable), sino que se enfundó de su esencia ética y trágica, como postura balsámica, de consolación. Prefería curar el espíritu remitiendo a ciertos fundamentos o principios elementales del humor basados en la medicina de Praxágoras e Hipócrates. Estos varían refiriéndose a los estados del cuerpo, muchas veces descompensados o perturbados, que son los causantes de enfermedades en el espíritu humano. La terminología científica sirve al autor para recetar tratamientos destinados a «hipohumoristas».

El humor nos plantea su pertinencia hoy. Su clave es ese rasgo intermedio, intelectual y popular, que es capaz de adentrarse en el habla coloquial y en los *gifs* o los memes, desvelando algo urgente, una inteligencia futura, una potencialidad, como una forma desahogada de vivir el presente.

Comienza la gravedad

«—¿Qué libro ha dejado de escribir y por qué?
—*Vida, pasión y muerte de un humorista*, que no acabo porque mi mujer dice que, si se publicase, dejaríamos de comer definitivamente. Ese libro no tiene que ver con nada político, sino con algunas costumbres íntimas que llenan de traición la vida»
Ramón Gómez de la Serna

Los textos de pensamiento más representativos de la obra ramoniana suelen enumerarse en seis grandes ensayos; entre ellos destaca, en un lugar preeminente, el dedicado al pilar fundamental que rigió la existencia de Ramón, esto es, el que titula «Gravedad e importancia del humorismo»[1].

Sabemos que este eje esencial de la teoría vital ramoniana aparece en *Revista de Occidente* en 1930, aunque ya Ramón venía teorizando desde la revista *Prometeo* su visión renovada del humor como talante intelectual. No es este un manifiesto vanguardista, tampoco un principio pedagógico de técnicas cómicas. El texto que publicamos casi un siglo más tarde, y que conserva intacta su actualidad, es un ensayo certero que describe con finura las clases y diferencias que existen en el humorismo. Un catálogo de maneras matizadas sobre cómo enfrentarse a la vida de forma humorística que el autor analiza rigurosamente.

Ramón realiza un esfuerzo encomiable por enviar este artículo de peso a la revista que dirige don José Ortega y Gasset y, para estar a la altura de

---

1   Gómez de la Serna, R., «Gravedad e importancia del humorismo», en *Revista de Occidente*, n.º 84, 1930, pp. 348-391.

lo allí publicado (grandes ensayos de primer orden), decide hacer un tratado original. A lo largo de sus más de cuarenta páginas, se desgranan aspectos fundamentales acerca de las cualidades y calidades del humor en sus diferentes significados, temas sobre los que reflexionó prácticamente durante toda su vida literaria. Ramón extrae la sabia humoral, a través de sus experiencias, en tertulias radiofónicas, apuntes gráficos, numerosas conferencias y apariciones públicas.

Su artículo nace como un elogio del humor y subraya el valor del complejo universo que lo compone, el cual ejerce una influencia capital (y soterrada) en la modernidad, con un efecto disolvente, esto es, diluyendo las contrariedades.

Este extenso comentario sobre lo propio y lo ajeno del humor no deja de delatar, de manera subjetiva, una publicidad encubierta, subrayando afirmativa y originalmente la personalidad de su autor, que presenta el mejor humor como un retrato del mismo carácter que Ramón poseía en vida. La idiosincrasia ramoniana se mueve desde la crítica a otros estadios, como son lo ridículo o el sarcasmo, hasta la alabanza y defensa de un humorismo más puro.

Interpretar este texto puede entrañar, como siempre en Ramón, más trabajo que el que en principio aparenta, y su enjundia, en nuestra opinión, reside en un difuminado linde, donde el autor intenta situarse y fijar la visión de su humorismo ideal. Al quererlo describir, se confronta con sus vacíos y opuestos, a los cuales abraza o rechaza en momentos desiguales. El artículo contiene en sí mismo curiosas inversiones, ya que, haciendo gala de un lenguaje pretendidamente veraz y adoptando un aire totalmente convencido, Ramón reclama y critica también cualquier idea de solemnidad y de verdad previa.

El empeño del escritor desmarca la cuestión de lo serio a un *impasse* que sitúa dentro y, a la vez, fuera de la vida humoral. Ramón se aleja de la hondura intelectual que cosifica, de la gravedad que petrifica la mente pero toma alternativamente su fondo gravitacional como referencia. Para él, la cuestión de la seriedad se declina en realidad bicéfala, aquella que tiene dos lados gemelos, pues, entre tragedia y comedia, la vertiente saludable del humor compensa la existencia y la hace soportable. Dentro de los dos polos identifica un tercer estadio de retaguardia, el puesto de espectador que integraría una mirada singular, de humorista. El poder central estriba en la radical modulación del observador, que es capaz de crear su realidad eligiendo qué enfoque darle. La predisposición y la mirada teñida de humor podrán intervenir en aquello sobre lo que dirige su atención:

«El lector de hoy tiene ojos de humorista; y hasta lo que no es humorista se lee en humorista, se le añaden sonrisas a través de las páginas», dice Ramón, que bien podría estar señalando distraídamente al público usuario de Tik Tok, Facebook o Instagram. Y en el carácter de nuestros días se verifica esta afirmación: «Si es importante la imagen, solo se la perdona y se la resiste si está lanzada con gesto humorístico, si está entregada con cierta sonrisa», lo que completa el retrato de la sociedad adaptada a una intensidad *light* en la experiencia virtual de consumo.

Pero Ramón esgrime su teoría del humor no como un apéndice superficial de la vida contemporánea, ni siquiera a través de su adjetivo «lo humorístico», que vendría a calificar esta vida dotándola de connotaciones positivas. Ramón señala que este hecho reúne en su seno el poder ontológico sobre el que se asienta y fundamenta la propia modernidad. El nuevo quehacer subvierte el orden, mezclando figuraciones o caracterizaciones simultáneas, híbridos *pathosformel*. Estos se encuentran conviviendo dentro de una misma persona en forma de triada: «el excéntrico, el payaso y el hombre triste, que los contempla a los dos». El humorismo dominaría como ningún otro género todos los estilos, pero, sobre todo, revelaría, más que un modo literario, un modo de ser, de vivir y de existir. El humorismo podría descargar la presunción de lo heroico, situándolo en un plano más mundano, menos sobreactuado, más cotidiano, porque el humor debería «exigir posturas en la novela dramática... virando la épica hacia otro lugar».

Su preferencia reside en un tipo de humor que presagia, que anticipa y desactiva, de cierta sublimación afectiva y de un grito de complicidad hacia sus coetáneos. El autor lo considera una capacidad evolutiva, y reivindica el *ars humorística* como un estadio que se eleve sobre los demás, aceptando que tanto lo trivial como lo original, lo fútil y lo extraordinario, puedan darse la mano y confundirse. Desde la imaginación humorística, Ramón va trasladando bellas metáforas para adornar su ensayo.

El humor verdadero abrazaría lo inconcluso o lo improvisado, sin evitarlo: «he logrado algo acabado en lo inacabado», dirá en su monumental *Automoribundia*. Su humor se abastecería más de la forma inmediata y rápida captando el instante, nutriéndose de las hipótesis y de los preámbulos. Este aspecto sitúa el humorismo ramoniano en plena vigencia, desde una atención al proceso y a la performatividad. Para un lector de hoy, la lengua barroca de Ramón, tan proclive y dada a la correspondencia y la analogía visual, es aparentemente fácil, accesible.

El humorismo ramoniano se define como todo lo falso descubierto, en una actitud que se regocija en subvertir lo que está implantado. Las mentiras futuras solo podrán ser combatidas, dice el autor, con humorismo. El humor acaba con el miedo, pero «debe acabar aún más con él», siendo un don imprescindible, pues tiene la capacidad dislocada de juntar tiempos distintos, de reunir cosas remotas. Esta división o yuxtaposición discordante crea, no obstante, otra disposición que toma distancia de sí, en contraposición a los conceptos de permanencia y absoluto.

Ramón otorga al humor una facultad de comprensión iluminadora, pacífica. En una visión revela que el humorismo del mañana será la piedra filosofal donde deberán apoyarse todas las ideas y convicciones, pues «se acepta que las cosas puedan ser de otra manera y no ser lo que es y ser lo que no es». Su humorismo antipedagógico posee, sin embargo, un enfoque aclaratorio, aunque «tiene ese lado de amargura del que cree que todo en el fondo es un poco inútil».

Asumiendo el sinsentido risueño y dramático del humorismo, Ramón lo refiere y contrasta con otro *ismo*, el «amarguismo», opuesto al papel benigno del humor. Ni lo cómico ni lo amargo deben dominar la creación. Ramón propone que es la bondad del artista como compositor la que debería dirigir la mezcla.

Según receta ramoniana, en la fórmula idónea del humorismo se requerirían los siguientes ingredientes: lo grotesco, lo bufo, lo sarcástico, lo patético y lo épico burlesco. Lo grotesco tendría una cualidad excelsa y formidable, el sarcasmo se añadiría como mordedura contrarrestada de guasa, lo bufo, de puntillas, para que no haga tanto el ridículo, y lo patético, en un porcentaje recomendable. Si se incluye lo épico burlesco en un gramo y se echa al mortero, «mezclando al todo elementos inclasificables de incongruencia pura, de expectación de ojos abiertos», se obtiene un humorismo suculento.

Quedarían fuera el chiste, el retruécano, la tomadura de pelo o la broma ridícula. Lo cómico sin humor, explica Ramón, se aprovecha de la indefensión del que ríe y lo ataca en el abuso, mientras que el golpe del humorista, si es acertado, no dolerá, sino que será comprendido. El dejar en ridículo a alguien, la humillación y el rebajar, como verbo impío que engaña y burla, quedarán desterrados del humor.

Incluso la risa se encuentra desvinculada, ya que su espontaneidad haría de ella un mecanismo inconsciente y casi autónomo. La risa unida a lo cómico puede entrañar una ausencia de emoción, pero el humorismo nunca se desliga de lo emocional. Por ello, aludiendo al filósofo Séneca, que propone un reír sin carcajada, Gómez de la Serna da un paso más y prescribe su concepto de humorismo con una máxima exigente: «Ríete, pero sin sonreír siquiera».

Lo satírico es excluido del humor al tratarse de una crítica con moraleja, con deje didáctico e intención moralizante; la sátira no se incluiría, ya que no tiene grado de inspiración. Cuando Ramón señala que el poeta jónico Arquíloco iba tan lejos en sus sátiras que incluso se suicidaron aquellos a los que ridiculizó, apunta que nuestro humorismo es incapaz de este ensañamiento.

A partir de esta idea, comienza a desglosar las contravirtudes de una prima, pariente suya, una figura familiar pero escondida en la sombra, hiriente. Se refiere a la ironía. Ramón detecta en la idea irónica el reverso negativo del humor, al cual va a criticar y del que reniega rotundamente.

La ironía negativa: Duchamp

> «Todo es ironía. Sea este apotegma siempre como
> la invocación suprema, antes de pensar nada,
> tanto ante la tragedia como ante la comedia de la vida»
> Ramón Gómez de la Serna

La ironía, del término griego *eironeia*, que vendría a significar etimológicamente «ignorancia fingida», derivó más adelante en el tropo de la *dissimulatio* latina, esto es, dar a entender el sentido contrario de lo que se dice.

Según el primer diccionario del Siglo de Oro *Tesoro de la lengua española,* escrito en 1610 por Sebastián de Covarrubias, capellán de Felipe II, la ironía se define como «figura retórica, cuando diciendo una cosa, en el sonido o tonecillo que la decimos y en los meneos, se echa a ver que sentimos al revés de lo que pronunciamos por la boca». Y es justamente en este aspecto contradictorio de la inversión donde se detecta la falsedad, precisamente en lo fonético de la entonación, en ese «tonecillo» que se descubre como una forma de impostar la propia voz.

Marcel Duchamp es el gran maestro conceptual del arte irónico. Su acción, concretada en pocas obras a lo largo de su vida, virará de manera radical los criterios hasta entonces conocidos para validar el sistema artístico. El artista francés acabará introduciendo ¿fatalmente? la ironía en el arte como nota eficaz, como forma estética que predominará durante las décadas restantes, volteando el mercado y el signo de los tiempos posmodernos. Duchamp es coetáneo de Ramón Gómez de la Serna, ambos nacen a finales de la década de 1880. Cabe la posibilidad de que se cruzaran en algún café parisino modernista de la *belle époque*, aunque no tengamos constancia del encuentro ni se haya encontrado, por el momento, documentación epistolar.

En la obra duchampiana hay un ejemplo –*À bruit secret* (1916)– en el que el sonido es el enigma por donde circula la poética de la pieza. Parece que este misterio escondido en el núcleo del sentido, que esta cualidad hermética fuera la base de la fascinación que ha mantenido en suspense a los críticos durante décadas, buceando en los archivos para captar enigmas desconocidos, como si la clave duchampiana no se descubriera del todo, permaneciendo cerrada en el ovillo de cuerdas, tapiada.

Ramón señala a la ironía, por un lado, como exhibicionista y, a la par, negadora de la evidencia, apuntando la característica peculiaridad del habla, para él ciertamente molesta: «la ironía tiene un chirrido que ataca los nervios al subrayar las cosas». A medida que Ramón repite ataques sobre el carácter irónico, se advierte de forma insistente una intrigante relación entre un tipo que lo encarna, rechazado con virulencia, y el universo francófono. Dado lo cual, podríamos preguntarnos qué autores tendría en mente Ramón (que no nos desvela), cuando asocia estos sonidos insultantes y desconcertantes con lo irónico galo: «la ironía tiene un deje francés y un tonillo ofensivo», recalca. De manera progresiva, observamos alusiones a lo «francés», insistiendo en que la ironía como género va muy de la mano de un país como el vecino. Pero, en ningún momento, Ramón alude a casos concretos ni pone ejemplos de obras o artistas. Nos preguntamos, entonces, hasta qué punto el escritor español podría estar refiriéndose a un artista a quien ya en aquella época se le consideraba el maestro de la ironía: Marcel Duchamp, que, en 1930, ha revolucionado el escaparate internacional y está en la diana de todas las miradas.

Cuando Ramón publica «Gravedad e importancia del humorismo», Duchamp ya ha alcanzado el cenit de su creación con *readymades* como *El gran vidrio* o *Fuente*, en la joven capital del arte que será Nueva York. Aunque, si bien es cierto que Duchamp era un emigrante que se había instalado en Estados Unidos huyendo precisamente del clima cultural parisino, asfixiante bajo el círculo selecto del surrealismo –«nadie es profeta en su tierra», declaró–, podríamos preguntarnos si corresponde a esa imagen de lo irónico afrancesado que Ramón reprueba.

Si buscamos en sus trabajos como biógrafo de grandes artistas, tanto literatos, cineastas y pintores (Dalí, El Greco, Velázquez, Picasso, Chaplin, etc.), Ramón cita en algún fragmento breve a Duchamp. Lo encontramos en su libro magistral *Ismos* (1931), donde le dedica palabras elogiosas:

Marcel Duchamp [...] pinta unos bigotes a la Gioconda y enuncia la «ley de condescendencia», según la cual, por condescendencia, la carga es más pesada a la bajada que a la subida. [...] Marcel Duchamp, dotado de esa originalidad absoluta que, como recuerda Bretón, lleva a la conclusión de Rimbaud: «soy mil veces el más rico, seamos avaros como la mar».

Duchamp es el inventor de los *readymades*, o sea, objetos manufacturados promovidos a la dignidad de objetos de arte por la elección del artista. Célebre es su *Secador de botellas* (1914) con forma de puerco espín, de raza superior y férrea, y más célebre, como creación y punto de partida después de su *Molinillo de café* (1911), *La mariée mis a nu par les célibataires* (1915-1923), más conocida como *Le Grand Verre*, mecanismo que entusiasma a Bretón por cómo ha equilibrado, equitativamente, lo racional y lo irracional.

Muchos de los productos duchampianos son escultóricos, objetuales o instalaciones. El acto de subrayar las cosas, reiterando su presencia física, su materialidad, es uno de los gestos más destacados y, podríamos pensar, menos humorísticos de Marcel Duchamp, que también comprende la poética infraleve, la foto y la acción performativa. Se ha hablado de que el artista introduce un arte frío, al igual que la ironía puede dar impresión de frialdad. Como vemos en su operación más mediática, el urinario invertido o *Fuente* (1917), resitúa el objeto arrancándolo de su contexto propio, original y normalizado. Con esta broma en los márgenes de lo legal y aparentemente irracional creará una dinámica del gesto, variando criterios. Duchamp introdujo el urinario para ver los límites de tolerancia y apertura de los que se jactaba la Sociedad de Artistas Independientes, cuyas bases aceptaban cualquier obra.

Pero a Ramón le sigue sin gustar el término «ironía» por cuanto, según él, es condescendiente y recurre a cómplices en su doblez, esperando que alguien entienda de reojo el truco. Esa continua dependencia interpretativa del contexto a descifrar y del silencio para quien observa es desesperante. Ramón no lo comparte, huye de ese estar por encima irónico, mientras que el humorismo que él ensalza (en el que cree) es, por el contrario, solitario. Mientras la recepción de la ironía necesitaría de socios «compinchados», el humor se alzaría independiente. Ramón es rotundo:

el humorismo juzga las cosas sobreponiéndose a que el mundo entero se hunda en su comentario y quede tergiversado por su contagio [...] la ironía se queda al pairo y como secretando con alguien al que cree tan superior como él.

El humorista ramoniano se enfrenta a su tarea en un acto de fe, arrojado al ruedo, buscando con desespero acaso lo eterno. Sin miramientos, Ramón exalta la visión de un humorismo unido a la imagen folclórica de la plaza de toros. Con el tópico del torero lidiando su faena, la vida se alía a la muerte y se expone en soledad trágica. Citando al filósofo francés Hippolyte Taine, describe al humorista como ser «enlutado por dentro que hace sufrir la alegría». Dolor y levedad, ligereza y llanto vivirán en el humorista entrelazados. Solo en estas diatribas, el irónico sería aquel que no bailaría con la muerte, ya que prefiere la seguridad detrás de la barrera a la valentía de exponerse. El entusiasmo y la credulidad de quien participa plenamente en la tarea humorística se ven contrapuestos a la distancia calculada, direccional y altiva. Es más, el humorismo ramoniano está alejado de una super-categoría como la irónica, porque, según lo explica, no va con España: «El humorismo español es la manera transcendente de suspirar sin incurrir en la cobardía del suspiro, curándose en lo que de ironía hay en lo humorístico». No deja títere con cabeza en tierra gala y prosigue:

> El humorismo francés…vive de ponerse a tono humorístico, a juego de humor, con un tono de fingimiento, de creación al por mayor… El humorista francés se recobra luego de ser humorista y se convierte en un probo señor que cree en todas las categorías. Por eso, el humor francés no se suele remontar sobre la ironía o, si aparece, es mezclado a cosas de otra naturaleza y en una visible falta de vocación. No puede el humorista luchar contra un medio francamente antihumorístico […]

El autor percibe lo irónico, en el fondo, como una forma de impotencia, por eso lo rechaza y lo denuncia: «es un perro que no puede morder y enseña los dientes […]. Es una hiel, rencor o resentimiento que cristaliza en agujas», escribe, en alusión a la escuela cínica.

Esta imagen vuelve a remitirnos la figura hirsuta, inamovible y como de cera que ciertas imágenes de Marcel Duchamp han construido alrededor del mito. Pero ¿podemos creer esta visión como cierta? Quizá sea una argucia desleal y una forma reticente la que Ramón podría estar viendo en ciertas actitudes artísticas, «con sus ocultaciones del pensamiento en coquetería de dejar y no dejar ver». Duchamp simbolizaría un mundo poético cuyo reverso oculta conocimiento, semejando un icono de la dialéctica negativa, mientras que Ramón estaría más cerca de sufrir en sus carnes esa forma de deshumanización en la incógnita y en la indiferencia, no tanto estética como ética. El escritor denuncia la operación irónica que se ampara en términos creativos, la cual «no por elegancia ganaría en generosidad». Y, sin titubear, afirma: «la ironía tiene malignidad y, aunque revele refinamiento, revela también mezquinería». El aire de superioridad y de orgullo que exhibe quien sustenta el rol irónico es reprobado por Ramón, que lo juzga como un humorismo sin curar.

El llamado «Salón de los Independientes» en París, epicentro de la pintura de vanguardia, retiró en 1912 el cuadro *Desnudo bajando una escalera*, que no fue admitido, según palabras de los jueces, por parecer caricaturesco. El famoso episodio de rechazo de los cubistas es la expulsión que Duchamp tuvo que superar exiliándose en Estados Unidos. Él lo recuerda como un «giro en su vida», una decepción hacia al sistema dominante del gusto estético. Pero, hasta qué punto pudo suponer esta ruptura con el universo oficial artístico una «herida» sin curar, y cómo pudo influir en su obra.

La ironía duchampiana es aquella de la indiferencia, una actitud que no afirma ni niega, sino que toma la tercera vía, la del absentismo. Una política de la no implicación, la política de la indiferencia, es la «metaironía» del artista. Podemos entrever cómo esta distancia irónica –*des-implicada*– se destacaría como perversa y desorbitada para el pensamiento ramoniano, pues «la creación humorística admite entusiasmo y credulidad, mientras que la creación irónica siempre mantiene al autor desplazado, frío, direccional [...], en un amaño con alto juego de sociedad».

La extrañeza del conocimiento vetado de la ironía es esa distancia que crea un espacio umbrío, titilante, solo apto para iniciados. Su perspectiva ventajosa está en manos del artista que confabula. Pero con ello también «ironiza» Ramón:

> Lo que no puede el arte contemporáneo es delatar su humorismo y disociarlo de su intrínseca seriedad. Un gran sigilo para callar que es humorismo necesita el humorismo de la poesía y del arte actuales. Nadie debe despertar la ingenuidad con que se presentan. Nadie debe decirlo. Necesita, como la farsa escénica, que nada descubra la farsa, que todos entren en ella, y que se llegue a creer que se está ante una seriedad de la vida idéntica a sus otras seriedades.

Podemos encontrar en los manuscritos de Gómez de la Serna unas notas en las que cita la voz de Duchamp. Con una caligrafía quebradiza, leemos sentencias acerca de su definición de arte: «el ayer en conserva» y también «el régimen de la coincidencia».

Prólogo
greguería

16

Son lo que Duchamp
dijo del arte "el azar
en conserva".

o como dijo otro
surrealista "el
resumen de la
coincidencia".

«Prólogo. Greguería», extraído de *Greguerías and Notes about Greguerías by Ramón*, caja 3, archivo 15, Ramón Gómez de la Serna Papers, 1906-1967, SC.1967.04, Special Collections Department, Universidad de Pittsburgh

Portrait multiple de Marcel Duchamp o *Five-Way Portrait of Marcel Duchamp*,
impresión en gelatina de plata, 1917

Ramón con motivo de la edición de cinco libros suyos, revista *Buen Humor*, 1922

GRAVEDAD E IMPORTANCIA DEL HUMORISMO
Y OTROS TEXTOS

Ramón Gómez de la Serna

Gravedad e importancia del humorismo[1]

I

Sin querérsele reconocer del todo estado, el humorismo inunda la vida contemporánea, domina casi todos los estilos y subvierte y exige posturas en la novela dramática contemporánea. No es una cosa concreta, sino expansiva y diversificada, que ha de merecer concesiones en toda obra que se quiera sostener en pie sobre el terreno movedizo del terráqueo actual.

Hay que recordar, en principio, el valor que se dio a la vida humoral para comprender, por su misma etimología, el significado de humorismo. Hipócrates y Praxágoras sostenían que el equilibrio de la vida se debía, principalmente, a que los humores estuviesen compensados, y toda enfermedad creían que procedía de una perturbación de algún humor. El humorismo dista de ser un síntoma directo de esos humores físicos, pero se puede decir que cuenta con ellos, y se estimula gracias a ellos y los estimula a la vez.

Todo el fondo humoral del ser se complace en el humorismo, se solaza en él.

Hoy parece volver a imperar la teoría de los humores mantenida por médicos, desde Marañón, que preconiza la inyección de alegría, a Pittaluga, que prejuzga el sentido del humorismo al definir el temperamento como algo que

> surge del conjunto de las correlaciones bioquímicas humorales, dependientes, a su vez, de la actividad trófica y glandular o diastásica de las células que integran nuestros órganos, muy en particular los órganos de secreción interna. Ejercen éstos directa y continua acción sobre el sistema nervioso vegetativo; y por medio de este último y del plasma sanguíneo, otorgan al sistema nervioso central las cualidades específicas de nuestra sensibilidad.

---

1 Este texto se publicó en *Revista de Occidente*, n.º 84, 1930.

Todas las teorías endocrínicas y metabólicas vienen a intrincar de nuevo la teoría humoral de Galeno. Se sabe la influencia en la alegría de un buen endocrinismo y metabolismo, y espero que pronto se encuentre la glandulilla basamental del humorismo, y que los hipohumoristas les podrá compensar una inyección de preparado humorístico.

Definir el humorismo en breves palabras, cuando es el antídoto de lo más diverso, cuando es la restitución de todos los géneros a su razón de vivir, es de lo más difícil del mundo.

Conocidos los glóbulos blancos y los glóbulos rojos en la intimidad latente del ser, yo supondría unos terceros glóbulos, que quizás se podrían llamar «amarillos» y que son los glóbulos humorísticos, que vienen a dar un sentido superior a la circulación, redimida de su crudeza, consolada de su seriedad, cohonestada su rigurosa fórmula.

En el momento de girar la épica hacia otro avatar, surge lo humorístico como la fiesta más eternal, porque es la fiesta del velatorio, de todo lo falso descubierto y de todo lo que estuvo implantado, y a lo que le llega la hora de la subversión.

Cuando suena el momento de la restitución a la sensatez, lo humorístico entra a gobernar, como momentánea restitución de la cordura a la locura, como pacífica tregua en el mismo andén. De nuevo, en cuanto se formen otras grandes mentiras para otra etapa, parecerá que lo humorístico se esfuma, pero es lo cómico que reaparece como alba sagaz sobre los campos de batalla.

La actitud más cierta ante la efimeridad de la vida es el humor. Es el deber racional más indispensable, y en su almohada de trivialidades, mezcladas de gravedades, se descansa con plenitud.

Se sobrepasa, gracias al humor, esa actitud por la que solo se es un profesional del vivir, en toda la sumisión que representa ese profesionalismo.

El humor ha acabado con el miedo, debe acabar aún más con él. Cosa importantísima, porque sabido es que el miedo es el peor consejero de la vida, el mayor creador de obsesiones y prejuicios.

El humorismo es una anticipación, es echarlo todo en el mortero del mundo, es devolvérselo todo al cosmos un poco disociado, macerado por la paradoja, confuso, patas arriba.

Cuanto más confunda el humorismo los elementos del mundo, mejor va. Que no se conozca si es objetivo o subjetivo su plan. Que cometa el dislate de reunir dos tiempos distintos o repetir en el mismo tiempo cosas remotas entre sí.

Hay que desconcertar al personaje absoluto que parecemos ser, dividirle, salirnos de nosotros, ver si desde lejos o desde fuera vemos mejor lo que sucede.

Solo a través de esas disipaciones del humorismo se entreabre una raja en la bóveda del cielo que deja transparentar el piélago inmenso del vacío, que se sonríe por la hendidura.

El humorismo no es más, muchas veces, que una evolución, que una cosa dicha dando al mundo por desengañado de sus etiquetas y prejuicios.

La comprensión elevada del humorismo que acepta que las cosas puedan ser de otra manera y no ser lo que es y ser lo que no es. Él acepta que en la relatividad del mundo es posible lo contrario, aunque eso sea improbable por el razonamiento.

No se propone el humorismo corregir o enseñar, pues tiene ese dejo de amargura del que cree que todo es un poco inútil.

Casi no se trata de un género literario, sino de un género de vida, o mejor dicho, de una actitud frente a la vida.

El humorismo ha de tener una nobleza improvisadora de poeta. ¡Qué feo es ese humorismo sistemático de sota, caballo y rey, sin la feracidad sentida del artista! La tremulancia que necesita el humorismo no se encuentra jamás en esos humoristas de ajedrez, verdaderos simuladores del humor, que realizan su papel como actores repetidos del humorismo.

Hay cosas que encuentran perfectamente serias el humorista y que acaricia como tales, pero sin considerar esa seriedad más que como actitud momentánea que tiene que rematar un acto de humor, un resumen jocoso o arbitrario, algo que pruebe que todo eso tan serio y tan emocionante puede tener un desmentís completo, en última concomitancia con lo vacío y con lo incoordinable.

El humor muestra el doble de toda cosa, la grotesca sombra de los seres con tricornio y lo serio de las sombras grotescas.

El humor hace pariente de la mentira a la verdad y a la verdad de la mentira.

El humor parece que va a excitar a la risa, y después aduerme en lo sentimental. Presenta a su héroe como un dislocado y acaba por conmoverse con él y hacer cierta y profunda su tragedia, al parecer, grotesca.

El humor, por ser tan extenso de significado, no puede ser considerado como un tropo literario, pues debe ser función vital de las obras de arte más variadas, sentido profundo de toda obra de arte.

El humor es ver por dónde cojea todo, por dónde es efímero y convencional, de qué manera cae en la nada antes de caer, de qué modo está ligado con lo absurdo aunque no lo crea, cómo puede ser otra cosa o ser de otra manera, aunque esté muy pagado de como es.

El humor abaja las alcurnias y hace soportable el hecho de la autoridad.

Solo se puede soportar el tinglado de lo social gracias al humor, que desface idealmente lo que es irritante que esté tan hecho, tan uniformado, tan en estrados de entronización.

El humor es que rezonguen las palabras con un deje de más enteradas de lo que parecen y como dando a entender que puede estar la verdad en todo lo contrario de lo que dicen o en la paradoja que proclaman.

El humorismo tiene que tener genialidad y estar aquilatado, equilibrado y sopesado como nada. Lo serio es una simpleza a la que le falta el revés, el darse cuenta, el volver, el contraste con todo lo que es alegre y disparatado en el mundo.

El humorismo es una situación sui géneris y superior para juzgar la vida que pasa, para desarmar lo alevoso. Es el intermedio entre el enloquecer de locura o el mediocrizarse de cordura.

En el humor se mezcla todo lo inconcluso, lo que solo puede lanzarse como hipótesis o en vía de ensayo, y todo con una última duda sonriente, con un último horror a que pueda ser o pueda no ser unida a la visible indiferencia de que sea o no sea.

El humorista es el gran químico de disolvencias, y si no acaba de ser querido y a veces se oponen a él duramente los autoritarios, es porque es antisocial y al decir antisocial antipolítico.

Pero él se debe a sus impasibles mixturaciones, a mezclar lo que repugna con el sentimiento de repugnancia, pues de esa mescolanza resultan sus mejores composiciones.

El humorismo es lo más limpio de intenciones, de efectismos y trucos. Lo que parece en él truco es, por el contrario, la puesta en claro de los trucos que antes se quedaban escondidos y sin delación, y que por eso eran más responsables y graves. Lo que se muestra a las claras y por delante no engaña a nadie.

El humorismo sobre la necesidad de apelar al juego de distribuciones y contrastes que es toda obra literaria aclara precisamente lo que de verdadero hay alrededor de ese juego, el anhelo, el descontento y el vacío que hay en la vida, la limpia desesperación de reír, que es en lo que más vida adquiere la inteligencia desengañada, es decir, sin engaños, en el máximo de su refocilamiento.

En el humorismo se falta a esa ley escolar que prohíbe sumar cosas heterogéneas, y de esa rebeldía saca su mayor provecho.

Vive de poner en espectáculo lo menos espectacular, y consigue con sus dislates una nueva movimentación de la vida, una particular aceleración de su ritmo, un salirse de sí por montañas rusas que dirigen a mundos lunares y como marginales del mundo.

En el humorismo está la fraternidad de todas las cosas, y los absurdos que tienen una sed pavorosa de realizarse se realizan al fin, tienen una especie de vida sobrenatural.

El humorismo no es cinismo. Cuando el alma más blanda y en confianza está, cuando el alma se dice: «Voy a oír, por fin, el comentario que merece el mundo», es cuando más humorista se siente.

Él ha de sostener la escena, ha de reconocer lo patético en medio de ella y que resulte rezo de la vida lo que se va diciendo. Lo que tiene es que, en medio de lo que declara, da un salto y se pone fuera, del otro lado del patetismo, reconociendo su trampa estrecha.

Más que un género literario es una manera de comportarse, es una obligación de alta mar en los siglos, es una condición de superioridad.

Que los pastores que tienen la obligación perentoria de conducir los ganados por las cañadas, aprovechen los viejos motivos. El humorismo no es un incentivo para pastores, sino para tipos señeros, que hablan a lo que se ha evadido del pastoreo, que preconizan otras épocas, que no tienen el papel de mezclarse a las luchas del momento, a las consignas perentorias de los comicios, al mercado del día.

No hay que creer que el hombre creado por el humorista es un hombre ficticio, creación abstracta del intelectual frente al hombre real, que es creación del novelista.

Lo ficticio del personaje del humorista va circunscrito al hombre real, y lo que hace es sobrepasarle, llevarle a más, corrigiendo su garrulería y su tozudez.

Gracias al humorismo se salvan los temas y se hacen perdonar su calidad de obsesión, su siempre simple intriga, sus usadas pasiones.

En este momento de transición, en que se ve lo que va a desaparecer ya de algún modo como desaparecido, y no se ve aún lo que aparecerá de nuevo en toda su rotundidad, el humorismo es el puente ideal.

Convencido el artista de que toda pasión tiene un valor temporal, procura remontar esa decadencia temporaria, que llevaría en sí el apasionarse, y se salva de ese modo más que se salvaría si se encerrase en su oscura obsesión.

Gracias al humorismo, el artista evita el creer resolver problemas que son insolubles y que tal vez ni problemas son, sino la vida mal planteada, defectos de la vida confinada en pequeños círculos. Gracias a ese recurso de elevación se pone en extremos de luz el margen en que estará el porvenir con respecto a muchas cosas, y deja abierto el círculo en vez de cerrarlo de esa manera que ha vuelto insoportable muchas obras literarias por atosigación de su seriedad y de su calidad de género cerrado.

Es fácil hacer sospechoso al escritor al señalarle como humorista, como las formas de una avanzada política se logran hacer suspectas solo con denunciar su nombre titular.

Pero nosotros hablamos, o debemos hablar, más allá de los medios alevosos de la oposición fácil, y en ese terreno el humorista es un propugnador de nuevas libertades, el primer heraldo de nuevas revanchas, de nuevos géneros desenlazados, en mayor libertad de acción.

Toda obra tiene que estar ya descalabrada por el humor, con sospechas de humorística; y si no, está herida de muerte, de inercia, de disolución cancerosa.

Todo lo que no tenga humorismo se convierte en un cuento de miedo que no mete miedo a nadie.

Aún se defienden viejos géneros que no tienen humor, porque hay una convivencia literaria entre retardados y críticos; pero el lector, que hasta a veces agota los libros alabados, se divorcia, cada vez más, de la literatura por desengaño de su monotonía, de su autoinspección, llena de vanos conflictos sentimentales.

Los más grandes escritores son los humoristas; y téngase por los más grandes escritores, no los que se reputan por tales, sino los que son leídos, los que vibran en el presente, los que pueden vivir la inquietud de nuestros días, los que no están en los museos con sus grandes esqueletos, admirados por un público de los domingos, aquellos ante quien no se dice solo: «¡Oh, sí!», sino que se les puede alternar con todo lo moderno.

El lector de hoy tiene ojos de humorista; y hasta lo que no es humorista se lee en humorista, se le añaden sonrisas a través de las páginas.

Si es importante la imagen, solo se la perdona y se la resiste si está lanzada con gesto humorístico, si está entregada con cierta sonrisa.

Toda literatura en que no haya humorismo tendrá un defecto de tiesura, un defecto declamatorio que la hará no curada y solo cuadro episódico del escenario del mundo, monstruosidad en una sola dirección, aislación de un crimen sobre el conjunto del vivir.

Si no se hace abstracción de un motivo y no se obliga, por disciplina antinatural, a que todos hagan esa abstracción, ese motivo caerá sobre el mar vital del humorismo, y al entrar en el conjunto del mundo tendrá fondo humorístico.

En este momento de desobediencia radical para las abstracciones literarias, todo se reintegra a su fondo humorístico, y por eso se descompone el arte y la literatura de escuela y se habla de crisis, cuando solo es la disolución del arte concebido en grandes pedruscos.

El humor entra en las cosas por el lado por el que no existen, y que es el que las revela más.

Lo que de mastodóntico y aplastado tiene el mundo solo lo compensa la mirada humorística. Todo es montaña para el hombre si el hombre no es humorista.

Frente al humorismo, que debe ser una maravilla de dosificación –y en eso entra el estro poético del humorista y su verdadera vocación–, está el amarguismo.

El humorista debe cuidar, por eso, de que ni lo cómico ni lo amargo dominen su creación, y una bondad ingénita debe presidir la mezcla. Al humorista ha debido conmoverle lo que ha escrito, aunque a los otros les haga reír o les anonade con su burla.

El amarguismo hace doloroso el humorismo y antipático, y es obra del mal genio, en vez de ser obra del mejor genio: un genio tan bueno que debe ser algún modo desgraciado.

Hay que rechazar toda forma del amarguismo y denunciarlo como tal, pues se disfraza de humorismo en sus réplicas, en su desagradabilidad, en su fondo aguafiestas.

En el humorista se mezclan el excéntrico, el payaso y el hombre triste, que los contempla a los dos.

Es la tragicomedia sin crimen ni sangre, con baile de cosas, seres y hechos en medio de su acción.

La mejor pintura que se ha hecho del humorista es la que le representa en pos de remedio a su hipocondría, pidiendo consejo para curar su melancolía a médicos, a sabios y a amigos; hasta que tropieza con uno que le recomienda que vaya a ver al escritor hilarizante que está más en boga; y el pobre humorista responde:

—¡Imposible, inútil!
—¿Por qué?
—Porque soy yo.

Una objeción que se hace al humorismo es que no suele ostentarlo la mujer, que la mujer no es humorista.

No es objeción seria esa; porque es, que a la mujer se la ha acostumbrado demasiado a llorar, y el humorismo es una nueva fórmula para evaporar las lágrimas. Todavía se necesita algún tiempo para que aprenda a sonreír de lo que le hacía llorar.

Si la mujer no puede ser clown, es porque su coquetería se opone a ello, pero no por una razón antihumorística. Ese impedimento de ser la que ha de agradar con sus gracias, mantenidas en un solo sentido de armonía, es lo que evita que entre en la gran experiencia de las contorsiones ultravertebradas.

No se puede mezclar a las disolvencias humorísticas, porque tienen una misión enquistada de cómica del amor.

Solo una mujer muy excepcional puede comprender a los humoristas. La mujer nunca sabe cuándo habla el humorista y cuándo el hombre trágico.

La mujer llega a comprender lo cómico y lo dramático; pero lo que la irrita, lo que la descompone y saca de sus casillas es ese no saber cuándo es dramática una cosa ni cuándo es cómica, situación del humorismo que es el estado especial en que son vencidos los dos elementos y convertidos en una tercera complacencia, que no abusa de lo cómico ni de lo dramático, que sacrifica las ventajas de las dos situaciones.

La mujer que abusa de las escenas trágicas, y que saca también mucho partido de las cómicas, se ve en una situación desinteresada del juicio que acaba con su coquetería dramática y su coquetería jocosa y se siente desacorde.

II

Estudiemos como químicos los ingredientes que entran en el humorismo y que después se diversifican en él, formando algo que no tiene que ver nada con los elementos sueltos.

Lo grotesco entra en un tanto por ciento imprecisable en lo humorístico.

De lo grotesco apenas dice nada el diccionario español, y el italiano le aplica cierta gracia, calificando así a lo que es pintado de un modo libre y ornamentalmente barroco, porque no le conviene pintura más noble y regulada.

El vicio al juzgar lo grotesco está en creerlo indigno, poseído de indignidad. Claro que inspira este desaprecio toda la cursilería social que no sabe apreciar sino sus categorías y a las otras les aplica juicio negativo.

Lo grotesco es excelso y tiene un sentido formidable por como se hace imponente lo humano al conseguir ese grado. Pero hay que desconfiar de lo grotesco industrializado, barato, con marcado aspecto decorativo.

El sarcasmo, que quiere decir en su primera etimología mordedura, es el mordiente que debe entrar en su composición, mezclado de socarronería que debe rebajar el exceso del mordiente.

Lo bufo debe pasar como una sombra, y en huida, por la imaginación humorística, pues lo bufo es lo grotesco en calzoncillos.

Lo patético debe perder su color en la mezcla, pero debe estar dentro de ella.

A ese total se le añadirá un grano de la especia épico-burlesca, mezclando al todo elementos inclasificables de incongruencia pura, de expectación de ojos abiertos.

Como se ve, quedan fuera del humorismo las sustancias con que se le imita: el chiste, que es el humorismo que se arrastra; el retruécano, que es una cosa de barrio bajo; el choteo, que es una cosa chulesco-matónica, y la burla, que no cree en lo que dice y que cuenta con lo ridículo, impiedad de que carece el humorismo.

Lo satírico se irroga una misión moralizadora, y hay por eso en la sátira un elemento moral impertinente, una crítica rigurosa que no merece la vida.

Lo satírico es una «crítica reflexiva y didáctica» sin el lado de libre inspiración que hay en el humorístico y es en los mejores casos la oposición del poeta a la realidad, cuando en el humorismo se hace que la realidad haga la oposición a la misma realidad y es, por decirlo así, la contienda de dos realidades, una supuesta y otra cotidiana, sino es una única realidad vista de dos maneras o quimerizada y resuelta para que se encienda más de su propio sentido.

Esa moraleja latente que hay en la sátira no debe concurrir en el humorismo, que no debe hacer propaganda de nada ni propugnación de ninguna nueva mentira civil de renacimiento. Si un nuevo renacimiento se inicia con formidables afirmaciones con que congregar de nuevo la vida social, el humorismo debe hacerse a un lado y permanecer en su puesto, porque le llegará la hora de eslabonarse en otra época con el de la época anterior, pues es la única posición altiva y flotante que se eslabona cuando los renacimientos pierden su eficacia, mucho más falsa de lo que les pareció a los humoristas al iniciarse.

Arquíloco iba tan lejos en sus sátiras que a veces se suicidaron los que fueron satirizados por él.

El humorismo es incapaz de ese ensañamiento. El humorismo acaba en sí mismo, se completa en sus propios cuadros, se satisface en sus escenas.

El epigrama y lo epigramático es lo más episódico del humorismo y su sentido es de retorsión sobre una agudeza, redondeado de un trallazo ingenioso, círculo cerrado de una opinión zumbona, epitafio de un ser o de un sucedido –los primeros epitafios se llamaron en realidad epigramas–, soneto en prosa que sintetiza una escena cómica, un carácter opuesto al descubierto, un acontecimiento dilatado en sus vicios y pecados, una fisonomía revelada en su bisojez o en su mueca con melladuras y chirles.

La ironía es flaca y el humorismo es recio, y en ella no se comprende la inspiración calenturienta, la efusión de medios.

La ironía, según Littré, «es un perro que no puede morder y enseña los dientes», y Pelayo González dice: «que es una hiel que cristaliza en agujas».

La ironía está llena de un entrometimiento que dislacera la obra literaria y tiene un chirrido que ataca los nervios al subrayar las cosas.

La ironía es una intervención un tanto procaz.

La ironía es una paradoja artificial y petimetra, mientras que el humorismo es una paradoja vital y solemne.

La ironía implica otro hombre en el secreto de su doblez, y el humorismo no incurre en cómplices, sino que se entrega a lo que dice, sin miradas de soslayo, sin buscar al otro, en esa soledad fervorosa –de solo en el mundo– con que se construyen las obras de arte, las páginas imperecederas.

La ironía se apoya muchas veces solo en las palabras y es condescendiente con aquel que se espera que condescienda entendiendo la traslación de la propia significación de una cosa a la opuesta, mientras que el humorismo juzga las cosas sobreponiéndose a que el mundo entero se hunda en su comentario y quede tergiversado por su contagio.

La ironía tiene un deje francés y un tonillo ofensivo. Es un humorismo sin curar, al que le falta la nota grave y profunda que hace perdonar el agravio.

Complicando más el asunto se ha dicho que entre la concepción estética y la ética el término es la ironía, y entre la ética y la religiosa es el humorismo.

Ese disamble de la ironía no va con España. Lo que no ha hecho arraigar a Anatole France, lo que ha revuelto contra el escritor francés algunas de las plumas más representativas de España, lo que ha dejado corta su obra es ese fondo de supercategoría que enorgullece a la ironía, es que en la ironía no está todo echado a barato y el ironizador no entra en el baile de las contorsiones en que da por metido a lo que ve. No torea en el mismo revolotum. Se queda al pairo y como secretando con alguien al que cree tan superior como él y tan ajeno a la gárrula feria.

La creación humorística admite entusiasmo y credulidad, mientras que la creación irónica siempre mantiene al autor desplazado, frío, directorial, deslavazando la creación por causa de la ironía.

La ironía que quiere dar a entender lo contrario de lo que dice, entra ya así en un amaño frío, con algo de juego de sociedad.

Es la ironía reticente con sus ocultaciones del pensamiento en coquetería de dejar y no dejar ver.

La ironía tiene malignidad, y aunque revele refinamiento, revela también mezquinería.

Lo cómico se verá siempre que ha sido un abuso y que ha aprovechado la indefensión y el azoramiento del que se ríe. Contra lo cómico se puede volver vengativo el que pudo ser logrado por su efecto, pero contra lo humorístico no cabe esa reacción, y si ha sido acertado su golpe, se comprenderá cada vez mejor.

Hay quien ve el ridículo como base del humorismo, pero ni lo ridículo ni lo cómico son base del verdadero humorismo, de ese humorismo que se abre como una sombra última sobre todas las cosas.

El humorista es un ser enlutado por dentro que hace sufrir la alegría. Ama los clowns y no tiene que ver nada con ellos, pues también ama los enterradores y no tiene tampoco que ver nada con esos lúgubres oficiantes.

Tampoco hay que confundir al humorista con el bufón. Ese sería un crimen de lesa majestad, pues el humorista es el rey sobrehumanado, es el rey con facultad de juicio y de ironía.

El buen humorismo no exige que se ría, porque la risa, después de todo, es un acto tan esporádico como el estornudar.

Si la risa de lo cómico supone una ausencia de la emoción, el humor hace que la emoción no se disuelva en lo cómico.

Nuestro Séneca ha dicho «ríete, pero sin carcajadas», y con eso corregía ya la malicia de lo cómico. Nosotros iremos más lejos en la prescripción, que atañe directamente al humorismo y deja atrás la ironía: «Ríete, pero sin sonreír siquiera».

III

Con paciencia he reunido varias definiciones del humorismo, porque el entrechoque de todas añade matices a su concepto.

Lipps lo ha definido como «sublimación de lo cómico a través de lo cómico mismo».

Juan Pablo Richter ha dicho que es como «el pájaro mérceps, que sube al cielo con la cola hacia las nubes, o como un juglar, que bebe danzando sobre su cabeza».

Revilla dice «que es el punto más álgido del lirismo, su exageración, el momento en que el poeta afirma con energía su pura subjetividad; poniéndose a veces hasta en contra de la sociedad entera».

Taine, con acierto dentro de su garrulería, dice del humorismo:

> Como procedimiento artístico, confunde todos los estilos, mezcla todas las formas, acumula alusiones paganas a reminiscencias bíblicas, abstracciones germánicas a términos técnicos, la poesía al argot y los arcaísmos a los neologismos. La libertad subjetiva que degenera en arbitrariedad varía indefinidamente la perspectiva del humorista, mirando lo grande desde lo pequeño y viceversa, y convirtiendo lo sublime en ridículo y lo ridículo en sublime. Toca de esta suerte en el límite del absurdo, hace núcleo de su inspiración el contraste, y con él la parodia y la paradoja para llegar a una risa triste o ironía sublime que conserva un dejo cariñoso o simpático hacia lo mismo que se zahiere y censura. Audacia e impotencia juntas, anhelo que no se cumple, ideal que se presiente y no se concibe, síntesis que se anuncia y no se realiza, mesianismo igual al de la teología judaica: tal parece ser el humorismo, nube preñada de auroras. El humorismo es lex inversa, que introduce lo serio en lo jocoso y convierte al diablo en bufón. A su vez el humorista es un Diógenes o un Sócrates; demente que posee, según dice Schlegel, una genialidad fragmentaria, en cuanto se desvía del medio social que constituye una atmósfera nutritiva. Hijo pródigo de su propio talento,

lo derrocha el humorista, protestando contra un orden aparatoso, cuya medula es un desorden que a su vez busca la normalidad dentro de síntesis superiores. Con excesiva preferencia hacia los contrastes, vistiendo las ideas más serias con la casaca del arlequín y produciendo irrupciones de locas alegrías en mundos de tristeza, cual eco lejano de una eterna danza macabra el humorista aparece ante todo como un escritor autónomo, y el humorismo como una poesía equívoca, porque el autor y la obra, sumergidos en el fuego de la sensualidad, se ven asfixiados por el humo.

Pirandello, más cercano a la listeza moderna para comprender lo que es humorismo, dice: «El humorismo no es más que una lógica sutil. Los humoristas son lógicos que viven en medio de los absurdos de la retórica y de la visión unilateral de la vida». Y para probar que el humorismo es una lógica sutil y pacífica, cita Pirandello dos frases de Allais, la que dijo en respuesta a la suposición de Pascal, según la cual si Cleopatra hubiera tenido la nariz un centímetro más corta, se hubiera cambiado la faz del mundo. «No, si Cleopatra hubiera tenido la nariz un centímetro más corta, se habría cambiado la faz de Cleopatra». Y la otra frase «No dejes para mañana lo que puedas dejar para pasado mañana».

Con más seriedad, Pirandello ha dado otra definición de humorismo que hay que estampar aquí: «El humorismo es el sentimiento del contrario, un Hermes bifronte, una de cuyas caras se ríe de las lágrimas que vierte la otra».

Bergson ha dicho que el humorista es un «moralista que se disfraza de sabio» y con incomprensión despectiva quiere explicarse lo cómico por rigideces, fenómenos de distorsión, apariencia de cosas que toman los seres, conversión en tipos mecánicos de los tipos humanos, ¡qué sé yo cuántos más falsos síntomas!

Como esos pensadores que creen que lo cómico es la simple degradación de presentar una idea elevada como mediocre, no sospechan que esa clara exhalación que produce la risa es comprensiva de que lo elevado es verdaderamente mediocre y que hay una moral práctica frente a la moral ideal y el humorismo es el conflicto de las dos morales.

Los poetas han acertado más con las definiciones difíciles, y así Gautier dice que «lo cómico extravagante es la lógica de lo absurdo».

El misterio de la risa es un misterio mucho mayor que el del dolor, tanto que cuando un dolor llega al paroxismo acaba en risa.

A los filósofos se les escapa el secreto del humorismo. Spencer dice que «la risa es el indicio de un esfuerzo que de pronto se encuentra en nada», y Kant, de modo parecido, cree que «procede de algo que se esperó y que inesperadamente se resuelve en nada».

Con humorismo, Mack Sennett contesta a estos menosprecios, cuando dice: «A cualquiera puede hacérsele llorar con una cebolla, pero aún no se ha descubierto legumbre ninguna que haga reír».

«Risa en la niebla» se ha llamado también al humorismo, y con redundancia pedagógica: «Disposición del espíritu que permite descubrir y expresar la alegría de las cosas tristes y la tristeza de las cosas alegres, o un matiz del talento irreductible a concepto».

Pawlowski ha dicho

> que el humor es el sentido exacto de la relatividad de todas las cosas, es decir, la crítica constante de lo que cree ser definitivo, la puerta abierta a las nuevas posibilidades sin las que ningún progreso del espíritu sería posible. El humor no puede llegar a conclusiones, puesto que toda conclusión es una muerte intelectual, y es precisamente este lado negativo del humorismo el que disgusta a muchas gentes, aunque él indica el límite en nuestras certidumbres y es la mayor ventaja que se nos puede conceder.

«El humor –añade el mismo autor– no es la risa».

El reír es un tribunal social que juzga y condena las ridiculeces, comparándolas con la verdad admitida que hace la ley. El humor no está al servicio de la sociedad, sino de los dioses, y se dedica a mostrarnos o a que atisbemos el encuentro de lo conocido con lo desconocido.

> El humor no tiene nada que pueda agradar a los que se sacian de orgullo encerrándose en sus certidumbres, ya que, por el contrario, es el nerviosismo de una inteligencia que quiere volar, nerviosismo siempre doloroso, pues al abrir sus alas, el espíritu se martiriza contra los barrotes de la jaula.

Un enemigo del humorismo ha dicho «que el arte compone y el humorismo descompone», sin tener en cuenta esa otra composición que hay en lo humorístico, que aunque no es un sistema de aplicaciones y armonías, sino de situaciones extremas, también tiene su alcurnia creadora y confeccionadora, que solo al tirar contra él con bala rasa puede desconocerse.

Otros creen que es una forma catastrófica del arte y que lleva al desequilibrio, pero en esos está más clara su condición de no entender.

Para imaginarse un ser que haya pasado por toda la civilización, ya en hora final del mundo, hay que imaginárselo convertido al humorismo, supremo humorista.

IV

Lo que se apoya en el aire claro de España es lo humorista; lo que responde al ambiente es lo humorista. Por eso hasta sus mayores políticos, los que por más tiempo la han dominado, han sido los que han tenido mayor sentido humorístico.

Sin embargo, como España es una contradicción con su propia verdad, la literatura podrá tener otras apariencias y hasta las teorías propugnar otras cosas.

Sin ese fondo humorístico, que es lo que hace barroca toda la literatura española, quedan despreciables guirnaldas, adornismo que no merece mirarse, cosas sin zarpar en el ambiente.

Se podría decir que todo lo que no se corrige por esa nota no adquiere carta de naturaleza, es como si no existiese; entra solo en archivos de cortesía, en los falsos «¡oh, sí, muy hermoso!», superficiales.

En España se prepara solo el guiso de la verdad, del sentido puro del vivir, sin ambiciones de ninguna clase, sin ansias internacionales, sin deseo de colonización ninguno. Parece que recapacita solo en el sentido de la vida y de la muerte, perfeccionando su sensibilidad.

Todo el mundo vive en España como en un estado preagónico exquisito, como si todos, en medio de su alegría, estuviesen gozando el último día al sentirse por dentro como en plena peritonitis. Así, al preguntarle a Quevedo cuál es el momento más feliz de la vida, respondió: «el penúltimo».

Por eso solo espera el español morir congraciado con la verdad, tener un atisbo último de lo que ha sido la vida de deleznable y de que la muerte no le amedrenta, y sabe recibirla como un torero, dándola un pase de pecho, en alegría de ruedo taurino.

Gracia sin rictus no es gracia para nosotros. Tiene que hacerse daño el gracioso , que quejarse, que hacernos daño. ¿Qué es eso de la descarada alegría sin aprensiones últimas?

El español siempre está haciendo contraproposiciones, y es maestro en el «morir habemus»; aunque con tono de carnaval conteste: «Ya lo sabemos».

En España solo se cree en Dios, pero de una manera muy difícil de comprender; tanto, que así como el ateo español dice: «Soy ateo, gracias a Dios», el creyente podría decir: «Creo en Dios, gracias al diablo».

No hay modas en España, sino el sentido pleno de la raza, y en medio de todo desparpajo y ludibrio de todo, como única manera de coordinar la realidad y su insolencia.

España solo se desfanatiza gracias a Dios.

El humorismo español está dedicado a pasar el trago de la muerte, y de paso para atravesar mejor el trago de la vida. No es para hacer gracias, ni es un juego de enredos.

Es para transitar entre el hambre y la desgracia. Así se aclaran las almas, y no se ponen sobre ellas pesados panteones de trascendencia.

El mayor reactivo de la vida, lo que la ataca en lo entrañable es este contraste entre la risa y el llanto, entre la vida y la muerte.

En China, hasta la hora del entierro, todo es algazara y risa, hasta que el pariente más próximo dice: «¡Ha llegado la hora de llorar!», y todos lloran hasta que de nuevo dice: «¡Basta!», ¡y comienzan de nuevo las risas! Con esta escena humorística dedican al muerto toda la gama intensa de la vida y le hacen homenaje de la doble verdad del corazón.

Nuestros velatorios, para dar también todo el sentimiento entrañable al acto, son a menudo juergas, momentos en que toda la vida adquiere sincero ensamble.

El humorismo debe ser esa explosión de realidad inevitable que surge en las fiestas y en los funerales, como comentario definitivo del vivir, como preparando al mundo para bien morir.

El Fígaro francés dice: «Me apresuro a reír de todo... por temor a verme obligado a llorar por todo».

Este susto sobre ascuas, este nerviosismo sobresaltado, esta chulería del reír para avasallar el llorar, es lo que se manifiesta de modo álgido en la literatura española.

El éxito del humorismo está en que no brote ni de lo muy cómico ni de lo muy fúnebre, que se mueva en ese trozo de calle que va del teatro a la funeraria. La danza de la muerte tiene en España un gran éxito y se convierte en papel de aleluyas del país, reproduciéndose por todas partes en baile cómico y macabro la venganza contra reyes, obispos y buhoneros.

La gente veía el políptico sonriendo de esa especie de teatro de polichinelas de garrotazo y tente tieso que dispersa las altiveces y arrogancias. Aquellos públicos gozaban al ver convertida en farsa teatral con elementos de auto sacramental la historieta espeluznante y divertida.

Los momentos de supremo humorismo han sido al borde de la tumba. No hay nada que los supere. Algunos grandes hombres dieron ya ejemplo de esa actitud magna ante la muerte.

Sócrates es el más sereno retozón ante el morir y se acuerda del gallo que debe, y a su esposa, que le llora como a inocente, le replica: «¿Es que hubieras querido que muriese culpable?».

Rabelais dice como sus últimas palabras: «¡No tengo nada, debo mucho y... el resto se lo dejo a los pobres! ¡Ahora bajad el telón, que el sainete ha terminado!».

Lafontaine, cuando ya estaba poseído por el hipo final, exclama: «¡Cómo escape de esta, vaya una sátira que voy hacer contra el hipo!».

En España este humorismo final se repite mucho.

Cuando en el lecho de muerte instaba a Quevedo el vicario de Villanueva para que subsanase un olvido que había en su testamento, no consignando el bastante dinero para que su entierro fuese lujoso y con asistencia de músicos, el gran humorista respondió: «la música páguela quien la oyere» y púsose a morir al punto.

El suicidio de Larra es un rasgo de humorismo mudo.

Luis Taboada –un humorista injustamente olvidado–, cuando llegó la hora de pedir los Santos Óleos, encargó a quien iba a avisarlos:

«—Di que los traigan de los mejorcitos, que son para mí».

Un escritor farfullero y pícaro de estos tiempos contaba a los amigos el entierro de su hijo, llevado por él bajo la capa al lejano cementerio del Este, de Madrid, y para explicar su borrachera de vuelta, cuenta que era el cadáver del niño que le decía al pasar junto a la puerta de cada taberna: «¡Bebe, papá, bebe!».

Un caballero español de gran ingenio iba a morir cuando llegó a verle un amigo pesadísimo, de esos que no se van nunca y alargan las visitas con su charla anodina. El moribundo resistió todo lo que pudo, pero hubo un momento final en que le dijo: «¡Con el permiso de usted voy a entrar en el período agónico!», y se volvió hacia la pared para fallecer.

Un granadino, no hace mucho, al ir a morir, dijo a los presentes: «¡Colorín colorao, este cuento se ha acabao!».

Hay muchos suicidas españoles que se matan porque les «da la gana», según dejan escrito en el papel final. El doctor Marañón me contaba el caso de un caso perdido de encefalitis letárgica, que cuando él dictaminaba que su muerte sería segura, ante los alumnos que rodeaban al que estaba debajo del sueño fatal, este respondió, desde el fondo de su sueño: «¡Que te crees tú eso!».

Verhaeren, en su viaje por España en compañía del pintor español Regoyos, ve este contraste entre la vida y la muerte que caracteriza el espíritu de España juerguista sobre esos conceptos, y le choca encontrar que en las funerarias vendan, muchas veces, guitarras.

En realidad, la broma más grande es el morir. Por eso el cantaor, con el humor suficiente y serena incongruencia, dice en su cantar:

> Cuando estaba en la agonía
> Me dijo mi padre:
> —Cierra la puerta, García.

Casi todos los cantares de juerga apelan a la muerte y al cementerio, y, sin embargo, se está cantando para disfrutar, para estar alegre, para beber.

El borracho español siempre está repitiendo la frase del poeta: «Despierta y bebe, que para dormir tienes siglos»; y así, entre cantares y sentencias, lo que se ingurgita va más hondo.

Un viejo revistero de toros, al ir a morir, recordó ese momento en que el matador, al encararse con la suerte suprema, manda que se retiren todos los peones, y dijo a sus deudos, con concisa frase taurina: «¡Dejarme solo!».

Animador de la muerte, un aragonés que entra en los últimos momentos de su compadre, le dice: «Con que se agoniza, ¿eh?...».

Los toreros han tenido muchas veces rasgos de humor ante la muerte, y conocida es la frase de aquel matador que, al ir a matar a un negro y bravo cornúpeto, dijo al espada, que iba de luto por su tía:

«—¡Quiere usted algo para su señora tía?...».

Los duelos de los entierros madrileños se han despedido, durante mucho tiempo, en la plaza de la Alegría, creando así la paradoja máxima.

Este contraste de alegría y tragedia no está mal, porque no viste al amarillo ir en mejor compañía que con el negro: de tal modo que se convierte en galones de oro, en alcurnia del negro.

El español sabe que lo más enemigo de la vida es el gusanillo, y todo lo que hace es para contrarrestarlo; desde por la mañana que toma su aguardiente de muchos grados para matar al gusanillo, hasta la noche, en que oye cante jondo y bebe para acabarlo de matar.

Todo lo que es solemne trata de corregirlo el español, gracias a como lo toma con aire humorístico; y si se fotografiase la expresión con que atisban los más listos las grandes paradas, se vería dominar el gesto humorístico.

Cuando un español recibe un álbum para escribir algo en él, se venga del empaque del álbum y corrige su osadía de posar de autografiado, plantando un humorismo en la plana rutilante que se le ofrece.

El vagabundo español se compensa de sus hambres y dolores gracias a un golpe de humor; y así no se me olvidará que un pobre vagabundo madrileño que yo bauticé con el nombre de Pirandello, sustituía el refrán español de «Dios aprieta, pero no ahoga», por otro que lanzaba a la risa de todos, y en el que ponía él una jovialidad triturada: «Dios ahoga, pero no aprieta».

El miserable español corrige lo que de indigno pueda haber en su pobreza, gracias al humorismo con que pide o con que cuenta sus desgracias. Se burla de sus dolamas, y así consigue mejor la dádiva de los demás.

Casi todos los humorismos internacionales son un juego, un trucaje, y frente a ellos el humorismo español tiene un sentido entrañable y es como la pesadilla de las entrañas retorcidas.

Este pueblo puro, que solo vive su humanidad y su rectitud como si se hubiese encerrado en sus fronteras solo para eso y para bien morir, propugna su humorismo como una solución verdadera del ánimo, como un consuelo de lo problemático invariable, como una salida de las más profundas congojas.

El humorismo español es la manera trascendente de suspirar sin incurrir en la cobardía del suspiro, curándose en lo que de ironía hay en lo humorístico.

Todos los que tomaron demasiado en serio su obra y la envolvieron en solemnidad retórica figuran en las antologías, es obligado escolarmente recordar su nombre, no se empeña el hombre culto en denigrarlos, pero la verdad verdadera es que están olvidados.

España es el sitio en que un literato dice en su lecho de muerte a sus deudos, como secreto último de su vida: «Ahora que voy a morir os diré que... me revienta el Dante». Y es que en el Dante no hay resquicios de humorismo.

Juvenal no es el primer humorista español, porque aún hay demasiada claridad ingenua y meridiana sobre la tierra para que pueda ser otra cosa que satiricense y zumbón, con una epigramática retórica.

El Arcipreste es un placentero dado al dicharacheo, pero ya pone fondos de mueca y contrastes de escarnio a lo que zambombea.

La Celestina y la picaresca española es el humorismo con poso rusticano, pero ya con la nota acerba que merece la vida que pasa y sus espectáculos de señorío atrabiliario.

Así Cervantes, Hurtado de Mendoza y, por fin, Quevedo, que lleva al laberinto de la ciudad, al baile de la Corte, el humorismo verdadero, enjundioso, con espesura, con profundidad.

Quevedo se arrastra por la vida y luce su gesto de humorista, su arraigado punto de vista de gusano que está en lo cierto, lo cual no evita que se empine con altivez y se crea más gallardo que el que más.

Azorín, en su hora mejor, encontró a Baltasar Gracián, que tiene zumba humorística y que por solo eso estaba embalsamado. Es como esos seres que al abrir el sepulcro se muestran incorruptos. Con su enjundia de moralista y de disquisidor filosófico hay muchos otros grandes hombres literarios y, sin embargo, no son resucitables como Gracián, que unió a su estilo el humor.

Los mismos grandes poetas españoles, destacándose entre ellos Góngora, dan un sentido humorístico a su poesía, la intercalan de un ligero desplante irónico, dejan caer un verso entre sus versos con desgaire y desfachatez humorística, salvan lo barbilindo que pueda haber en su poesía con gestos y contracciones en que aparece el garabito del humor, el desplante que debe haber como remate del saludo más rendido, como castigo que debe pronunciarse en la galantería, alevosa a la par que exquisita. Venganza en el amor. Herida en el lirismo. La imagen atada a su muerte. La conceptuosidad ahorcada en el último giro. Veneno en la rutilante surtija del verso. Fría sonrisa en la declamación. Suicidio en el soneto.

Góngora es el poeta que se salva entre culteranos y eglógicos, porque pone en todas sus cosas guasa poética, disciplencia llena de desfachatez, burla en la sutileza, broma última en la galantería y retuerce el cuello del cisne poético en un último garabato que es esencialmente humorístico.

Tuvo Góngora la reticencia que salva al verso de su engolamiento y le hace perdonar la solemnidad el lado por donde cae, y lo que se requinta hace guiño de ironía, y el saludo parsimonioso tiene un retoque de exceso que es ya humor puro.

Ese su rivalizar de un verso con otro y de una galantería suprema con otra más suprema, es verdadero humor.

Goya pone en toda su obra un sentido humorístico, en sus cuadros de carnaval, en la familia del rey, pintada como en antesala de fusilamiento de honor y de humor.

Las paredes de su vivienda en la ribera del Manzanares las pintarrajea de comadería y juerga macabra, poniendo en esos negros cuadros desgañitamiento de aquelarre, con algo de velatorio y de boda espúrea.

En sus aguafuertes está el léxico y el estilo del humorismo español con fuerza inusitada, en sobrias leyendas.

Bajo esa dama que vuelve el hombro con desdén a la vieja que se le aproxima como a pedirle caridad, escribe: «¡Dispense, hermana! y era su madre».

Bajo ese cadáver, que levanta la losa de su tumba, escribe: «¡Nada!».

Bajo las mujeres que llevan las sillas sobre sus cabezas locas, pone: «¡Ahora tendrán asiento!».

Bajo los petrimetres: «¡Lo que puede un sastre!».

Pero más está su humorismo en ese sentido que no logra agotarse, en las rayas de sus aguafuertes, en la trama de burlas muchas veces humorística con que hiere sus cobres.

Quedó zumbando después de Goya un sentido desdeñoso, sonreidor y acerbo, que Fígaro recoge admirablemente y que culmina, precisamente, en su artículo sobre el día de difuntos en Madrid, repasándolo todo, desde Palacio a la cárcel, y leyendo en todos sitios los más sardónicos «aquí yace».

Silverio Lanza, que era un puro humorista, dividía a los seres como a las almendras, en amargas y dulces, en agradables y desagradables, abogando por el imperio y la categoría de los agradables, los únicos que pueden intentar el humorismo.

Silverio Lanza gasta las primeras bromas humorísticas a la vida después de un cuarto de siglo retórico, y se pone el sombrero de copa para que le distinga el ahijado que lleva de la mano por si por casualidad se pierde, y describe la vida de un ministro español que no sabe leer y por eso lleva gafas ahumadas y, cuando tiene que jurar, jura sobre el descote de las mujeres y todo lo ve con duda, tolerancia y sarcasmo, llegando a comprender las vibraciones del amor como si hubiese sido un amoroso empedernido.

Después de Silverio Lanza y Miguel de los Santos Alvarez, no hay quien lea a Pereda, porque no tiene humorismo, sino sorna en entretelas de rusticanería. Galdós está en otro rango, porque mezcla lo cómico a su obra, aunque le faltó también la comprensión del humorismo.

Azorín practicó el humorismo en todas sus andanzas, y está en el tono de su estilo y en sus enfoques de la realidad.

Baroja se «amontona» porque no está avizor de humorismo más que en esas ocasiones en que produce sus mejores páginas. Unamuno sería un mazorral si no hubiese encontrado sus nivolas y sus paradojas humorísticas.

Cuando Valle-Inclán adquiere su mayor triunfo es cuando deja su línea de elegancia de parque italiano y mima lo grotesco y se lanza al esperpento y a la bibria.

Sin que se decida a teorizar su estética, Valle reconoce ya en su vejez que el camino español es el de esa contradanza que desbarajusta el ritmo, que le desdibuja con muecas descompuestas.

V

El humorismo sin hache de Italia –umorismo– tiene siempre una composición de comedieta de arte y cuenta con las categorías como todo en Italia.

Siempre hay en él composición y decoración, sin perder nunca el tono heroico ni la disciplina de las clásicas perspectivas.

El humorismo norteamericano, fuera de ese caso fuera de los siglos que es Poe –apóstol humorístico de la Creación en el Sinaí de su primera declaración humorística–, es un humorismo sano y cívico que hace decir a Tackeray: «Escritor humorista es el que despierta y dirige nuestro amor, nuestra compasión por los débiles, nuestro desprecio por la mentira y por la hipocresía, nuestra misericordia por los pobres, por los oprimidos por los desgraciados»; y a Twain: «El humor es nuestra salud. Cuando aparece, toda dificultad se vence, todo rencor se evapora. Y la tempestad de nuevas cóleras se abre a un alegre sol».

Tiene un aspecto deportivo, con que se preparan demasiado sus gracias, estudiados todos los pros y contras del tema y todas sus interferencias limpias de fondo humano.

El humorismo francés, fuera de las excepciones –más abundantes que en ningún sitio en Francia, tanto que lo que la eleva es lo excepcional sobre lo ambiente–, vive de ponerse a tono humorístico, a juego de humor, con un tono de fingimiento, de creación al por mayor, de final de banquete entre compadres.

El humorista francés se recobra luego de ser humorista y se convierte en un probo señor que cree en todas las categorías.

Por eso el humor francés no se suele remontar sobre la ironía o si aparece es mezclado a cosas de otra naturaleza y en una visible falta de vocación.

No puede el humorista luchar contra un medio francamente antihumorístico, así como el norteamericano se prevalece de que el medio es francamente humorístico.

El humorismo inglés aplica lo flemático del hombre a la contemplación de los más fuertes problemas de la vida, y por eso ha podido ocurrírsele a un humorista inglés que «la solución de la cuestión irlandesa era comerse con coles a los niños irlandeses».

También consiste el humorismo inglés en añadir como razonamiento convincente en una cuestión seria una apoyatura completamente falsa aunque aparentemente verdadera. Así, Bernard Shaw, para probar que el vegetarianismo en último extremo es ventajoso, dice: «Además, la fruta es tan maravillosa que tiene pepitas y bastará que sembréis una para que crezca un árbol. ¡Sembrar un hueso de cordero y no nacerá nada!».

El único contacto que hay en el humorismo inglés con el humorismo español está en lo más grande de su literatura, en esos locos melancólicos de Shakespeare, y se podría decir que Yorik y que mucho de Hamlet es español y ha estado en sus príncipes rebeldes y en sus bufones reconcentrados.

El humorista inglés se puede preparar a ser humorista, puede perfeccionar su profesión, hasta se podría dar una Universidad de Oxford para humoristas.

El español es espontáneo y no admite el humorismo como artificio ni género colectivo, pues se ofendería grandemente el humorista español si se supusiese que premeditaba la degradación de las cosas, que no era confesional su humor.

El humorismo inglés es el que merece el premio –aunque eso no quiera decir que cumpla ese deber barroco e inconcursable que debe tener el humorismo–; pero hay en él, en medio de su perfección, un aire autoritario y un deseo de última salvación de la sociedad que le hacen algo superfluo.

No agota los extremos, no juega lo bastante a la tragedia, se penetra de cuento demasiado y tiene el rictus displicente e impasible del inglés llevando a cabo la acción más absurda con impasible gesto. De todos modos, es admirable.

Uno de los más perfectos humorismos que ha habido ha sido el de Oscar Wilde.

Las grandes mentiras humorísticas de su arte de hablar tenían esa moral sobrepuesta a todo del humorismo que se propone develar, sobrepasar la agonía de la vida, oponer a las verdades que se dan por seguras las verdades supuestas, confundiendo al mundo.

Cuando Wilde dice que la única manera de quedar en la memoria de las clases comerciales es no pagando sus facturas, pone una amarga sonrisa frente a todas las posibilidades de gloria.

El humorismo alemán tiene un sentido exterior y gráfico de caricatura, generalmente, y es incisopunzante como él solo. Otras veces tiene la melodía sentimental del más exquisito humorismo, como en Heine, que sinfoniza el humor y que lo hace tan penetrante en el corazón.

Lo mejor de la literatura rusa, lo que la salva sobre su estructura monótona, afondadada, de raza difícil, es el humorismo, que la levanta sobre la tierra, que la arranca a la fuerza de gravedad.

El mismo Dostoievski, en casi todas sus obras, pero, entre otras, en *El idiota* y en *El eterno marido*, coloca en medio de todo, en las situaciones trágicas, junto a mujeres que no comprenden sino el dolor y la pasión, seres con aspecto de protagonistas que danzan en toda la obra como seres humorísticos, de comportamiento extraño, con raras siluetas, en contraste de un bufo trágico sobre el fondo oscuro de todas las obras, sobre la aciaga resaca de la calle.

El humorismo ruso sale demasiado en medio de vientos, acribilla de reticencias a sus víctimas, se ensaña en sus situaciones. Se le conoce por lo de pronóstico reservado que es y porque empuja, a la vorágine, a la plataforma de la risa de la plaza pública o del centro del salón de reuniones, a los seres objeto de la befa.

Lo cómico y lo dramático entran en disputa homicida en la obra rusa, y las crestas de los personajes quedan sangrando como en una alborotada riña de gallos.

Tiene una hilaridad lo humorístico ruso en que suenan destempladas, con guirigay funesto, todas las teclas de la burla.

En fin, casi todos los escritores contemporáneos se salvan por su humorismo, y gracias a él quitan a los conflictos lo que tienen de irresistibles. Ya no se atreve nadie a entrar en un tema con solemnidad, con demasiada credulidad, sin el control del humor.

VI

En la misma poesía campea el humorismo.

Los nuevos poetas de España, al intentar el superrealismo, incurren en el humorismo más alterado, en el super-humorismo. Las últimas imágenes dichas con todo empaque poético tienen dislate humorístico, entremezclas de imposible.

Es lo que les era necesario hacer bajo las luces exigentes de España, que necesitan rebeldía para todo amaño de arte, burla en la línea, guasa en medio de la recitación, remate cínico en la filigrana. El mismo toreo se queda con gesto de haberse burlado cuando termina la suerte trágica.

La categoría, la ínfula, el orgullo español no pueden lucirse sin contrapeso como esas mismas altiveces en Francia, por ejemplo.

El que ha recibido la condecoración necesita sonreírse de ella, y el que ha sido investido necesita descomponer con un gesto su investidura.

En el cubismo, en el dadaísmo, en el superralismo y casi todos los ismos modernos hay un espantoso humorismo que no es burla, ¡cuidado!, ni estafa ni es malicia callada, sino franca poesía, franca imposición, franco resultado.

La burla es no creer en lo que se dice, distanciarse de ello, no amarlo apasionadamente, encontrarlo ridículo, y en todos esos humorismos del nuevo arte hay solaz que termina en su propia obra, y están sus artistas unidos espiritual y carnalmente a sus temas, encontrándolos gallardos y dignos, pudiéndose decir que los lloran con emoción al mismo tiempo que los ríen.

Por eso cuando el público, ante las cosas modernas, cree que el autor es un guasón, es que no comparte la complacencia interior de otros motivos que los que a ese público le complacen, es que no ve que como objetivo de contemplación el artista actual siente otras cosas divergentes, rotas, sugerentes de otros mundos.

Cuando a mí me dicen: «Eso del alma y expresión de los faroles o de las chimeneas lo habrá dicho en guasa», yo me revuelvo, pues he sentido el contraste de esas cosas de la noche y ese sentimentalismo me ha parecido menos amanerado, menos cargante que otros sentimentalismos que atraen la atención de los que no comprenden la poesía que se levanta sobre lo cotidiano.

Lo que no puede el arte contemporáneo es delatar su humorismo y disociarlo de su intrínseca seriedad.

Un gran sigilo para callar que es humorismo necesita el humorismo de la poesía y del arte actuales. Nadie debe despertar la ingenuidad con que se presentan. Nadie debe decirlo. Necesita como la farsa escénica, que nada descubra la farsa, que todos entren en ella, y que se llegue a creer que se está ante una seriedad de la vida idéntica a sus otras seriedades.

Por esa necesidad de guardar el secreto de que es humorismo puro, es por lo que el arte contemporáneo tiene que llegar a desmentir que lo sea y hasta a matar a quien lo suponga. Como sabe muy bien que todas son convenciones en la vida, quiere que se entre en su convención con la cortesía y el arrebato sincero con que se entra en las otras. No hay derecho en querer desenmascarar lo nuevo, que por lo menos tiene la supremacía de lucir una máscara sin monotonía, cuando se respetan las otras máscaras degradadas por el uso.

El arte tiene, agotada la representación, una amargura ante la fijeza escénica, y como idiotizada de las formas, le hace rebelarse. Su deseo de originalidad y de inventiva no es un deseo de imitación, y por eso recurre a la paradoja y al humorismo.

El arte contemporáneo se ha dado cuenta de que, para variar las formas, llega un momento en que no hay otro remedio que desvariar, que cambiarlas radicalmente, que evocarlas desde parecidos lejanísimos.

Los nuevos autores presentan cosas que el humorismo ha desentrañado, ha destrozado, ha hecho viables, ha hecho divertidas, ha aclarado, ha comprendido.

Los artistas modernos no presentan una caricatura o un engaño, sino una cosa fijada, desproblematizada, descubierta.

¿Que den más razones y explicaciones? No pueden. El entusiasmo que les ha merecido cada hallazgo se desplazaría, se borraría, se enflaquecería si diesen demasiadas explicaciones, si volviesen sobre lo que han hecho. El descubrimiento debe ser sobrio y un poco al azar. Su alma no les perdonaría la revelación y sería menos inaudita en sus próximas creaciones.

Picasso mezcla humorismo y pintura pura, pero que nadie se lo diga.

Una gran lección de humorismo contemporáneo ha sido el cinema. La vida ha influido en la gran sábana de la pantalla, pero también la pantalla ha influido de un modo redoblado en la vida y ha creado en ella muchos millones de Charlots.

En el espejo del cinema se han mirado las gentes más serias, y se han afeitado el rostro y el alma según la imagen interior de ese espejo.

Ya nadie lleva un bigote fastuoso y erizado, sino bigotes de forma humorística. El solemne alemán va contrarrestando en lo que tiene de imponente gracias a su bigote humorístico.

El humorista se ha adelantado al gran contraste que será la tierra caliente, y con sentido humano para la tierra al cabo de la consumación de los siglos fría y con una sonrisa desdentada frente a otros mundos vivos y lejanos.

El humorista se puede decir que adivina el final del mundo y obra ya un poco de acuerdo con la incongruencia final.

El humorismo de hoy será la seriedad de mañana, pues la vida se venga de lo disolvente casándole con la nueva burguesía; pero, al final, la nueva enciclopedia será el último diccionario del humor.

En futuros Parlamentos despuntará el partido humorístico, que primero se discutirá, como cuando apareció el socialista, si es legal o ilegal, pero al fin será el que conduzca el gobierno de la vida con el único aire soportable.

Versión del libro *ISMOS*[2]

La gracia regional de lo cómico no puede competir con la gracia humorística que es cósmica y universal, pero Bergson, que era el hombre mejor vestido de profesor que he conocido y que por lo tanto era el menos indicado para definir lo cómico, ha dejado enredadas las ideas de lo cómico y lo humorístico mezclando lo ridículo a la risa.

El humor en la «lata» filosófica colinda con la «bromatología», la broma más seria que se puede gastar, pues es la ciencia de descubrir la «botulina», el más activo veneno de intoxicación que está en el fondo de las latas de conserva.

En el humorismo no está el resorte burdo del juguete mecánico de la broma, sino que su mecanismo en el libre albedrío humano.

El humorismo es el juicio desinteresado por excelencia y lo inactual aunque esté hecho de actualidad.

Es lo terrible sublime y lo burlón sublime y no tiene desarmonía ni es la antítesis de lo estético, pues cree como nadie en la estética suprema, más allá de la estética, entrevisión solo a través de los cielos rotos.

No acaba de tener mucho que ver con la risa, pero oigamos algo más de lo dicho sobre la risa.

Hobbes dice que:

> La pasión de la risa no es otra cosa que un sentimiento brusco de triunfo que nace de la concepción súbita de alguna superioridad en nosotros, por comparación con la inferioridad de otros o con una inferioridad nuestra anterior.

Reproduzcamos lo que nada menos que Renato Descartes dice de la risa:

> La risa consiste en la sangre que procede del ventrículo derecho del corazón, por medio de la arteria, e hincha de repente los pulmones en varias

---

2   Este texto se incluye en el capítulo «Humorismo» del libro *ISMOS*, Madrid, Biblioteca Nueva, 1931.

repeticiones, obligando al aire que contienen a salir de ellos con ímpetu por la tráquea, formando un sonido inarticulado e interrumpido; tanto se dilatan los pulmones, que el aire, al pasar, hace presión contra los músculos del diafragma, de la caja torácica y de la garganta; y a su influjo se mueven los del rostro que tienen conexión con aquellos, constituyendo esta acción del rostro, junto con el sonido inarticulado e interrumpido, lo que se llama risa.

En su mezcla de definición de lo cómico y lo humorístico conviene conocer algunas teorías.

Así la de Gauckler, que dice: «Lo cómico nace de la falsedad de las situaciones, en que los sentimientos y los pensamientos están en desacuerdo con los hechos, las acciones en contradicción con las palabras o las intenciones de los hombres».

Benedetto Croce ha intervenido también diciendo:

Lo cómico se ha definido como el desagrado que despierta la percepción de un entuerto, seguida de un placer mayor procedente del cansancio de nuestras fuerzas psíquicas, pendientes de la expectativa de una percepción que se creía importante. Al escuchar un relato que, por ejemplo, nos describe el propósito magnífico y heroico de una persona determinada, anticipamos con la fantasía la realización de una acción heroica y magnífica, y nos preparamos para acogerla, tendiendo a ello nuestras fuerzas psíquicas. Pero, de pronto, en cambio de la acción magnífica y heroica que los antecedentes y el tono del relato nos anunciaban, sobreviene una acción pequeña, mezquina, necia, desproporcionada a sí misma. Nos hemos engañado y el reconocimiento del engaño lleva consigo la impresión del desagrado... Si el hecho desagradable nos hiere vivamente en nuestros intereses, nos surgirá el placer... Si, por el contrario, no surgen tales graves percepciones, si todo el daño consiste en un pequeño engaño de nuestra previsión, tan leve desagrado se compensará en seguida con el sentimiento posterior de nuestra riqueza psíquica.

Siempre les aventaja en definiciones Juan Pablo Richter, que dijo:

El Humor, como destrucción de lo sublime, no hace desaparecer lo individual, sino lo finito en su contraste con la idea. Para él no existe la tontería individual, ni los tontos, sino la tontería y un mundo tonto. Diferente de lo cómico vulgar, no pone en evidencia las locuras individuales. Rebaja la grandeza y levanta la pequeñez, pero, diferente también de la parodia y de la ironía, lo hace colocando al mismo tiempo al grande al lado del pequeño, y al pequeño al lado del grande, en mentida y supuesta igualdad, reduciendo así a la nada al uno y al otro, porque ante lo infinito todo es igual y todo es nada. El satírico vulgar, por el contrario –continúa en otro lugar precisando su idea– solo observa y pone en evidencia en la vida ordinaria y en la de los sabios, rasgos abderíticos y aislados, que le son extraños, que son ajenos al sentimiento estrecho y egoísta de su superioridad, cree ser un hipocentauro en medio de onocentauros, y desde la mañana a la noche, en este manicomio del globo terráqueo, predica desde lo alto de su caballo con una especie de furor, su sermón de capuchino contra la locura. ¡Cuánto más modesto es el que se contenta con reírse de todo, sin salvar de su risa al mismo hipocentauro!

El *Diccionario de autoridades* dice del humorismo: «Estilo literario en que se hermanan la gracia con la ironía, y lo alegre con lo triste».

Está en lo español de tal modo que el viejo Diccionario dice que el humor «se toma también por genio, índole, condición o natural», y entre las citas en que se apoya hay una clásica que dice: «Dejóse el maestre persuadir fácilmente, por frisar con su humor aquel dislate».

El humorista prepara el mundo para el futuro, pues las ideas trascendentales y serias y pacifistas no han dado resultado y la humanidad se ha lanzado sin contrafreno a la más sanguinaria contienda.

Solo por el humorismo, si ha más humorismo en la sangre de los humanos, se lograría detener una nueva contienda.

Entre las promesas que debían abundar en el momento, debía figurar la primera:

—Si salgo de esta catástrofe, voy a practicar más el humorismo y voy a enseñar a ser humorista a todos mis hijos.

En la oposición al humorismo anterior a la guerra se llamaba titiritero al humorista. Parecía que el humorista era el que podía despeñar a los hombres tétricos, pero al fin ha resultado que los hombres tétricos han despeñado al humorista y se han despeñado ellos en una guerra que era lo que imaginaba su seriedad.

El humorismo universal –se ve que la caricatura política no sirve sino para enzarzar más las cosas– arreglará el mundo.

***

Como un incidente en medio del humorismo, hay que escribir sobre el «seriecismo».

Es un asunto delicado este del seriecismo, pues hay seriedades respetables y seriedades sobrantes.

La seriedad sobrante e inoportuna es la que hay que ir corrigiendo, pues puede resultar burlesca y lo malo es que se burla de lo serio.

Burlarse de la burla, reírse de la risa, es bueno que suceda, es algo triunfal. Pero que se rían de nuestra seriedad es un fracaso.

Hay, sin embargo, una risa en serio que es otra risa diferente a este regocijo por la seriedad inoportuna.

Nos hemos reído de pronto de un modo extraño y provocamos la desconfianza de la risa porque la risa es muy grave si es risa en serio.

—¿En serio te ríes?

—No... Me río en broma porque no hay nadie que se ría en serio.

En América hay que reaccionar un poco contra el seriecismo, que no es precisamente la seriedad.

El seriecismo es ponerse grave y compungido de pronto, sin venir a qué, agostando todas las posibilidades de ingenio y cháchara que podían traslucirse en una reunión.

El seriecista toma a mal la teoría paradójica, el paso adelante del pensamiento, la eutrapelia, que no es más que un suave intento de gracia.

Un día estaba yo inventando el diagnóstico por la nariz.

—Ahí me tienen ustedes —decía hasta con cierta seriedad— la nariz avergonzada, presentable, evidente... ¿Por qué diagnosticar por el iris? Diagnostiquemos por la nariz... Es muy importante... Los italianos tienen la nariz inclinada a la derecha, los españoles a la izquierda, los franceses muy centrada y los ingleses tan pronto la tienen hacia la derecha como hacia la izquierda, como al centro.

Cuando estaba en ese punto de mi improvisación, vi que el seriecista se arrebataba, tomaba su sombrero y se iba.

Después me contaron que el seriecista había dicho al salir que aquello era intolerable, que no se podía admitir lo del diagnóstico por la nariz.

En otra ocasión, al salir de una conferencia mía, un grupo de seriecistas dijeron que yo era un humorista poco serio. ¡Querían que el humorista fuese serio! Lo peor que le puede pasar al humorismo, porque el humorismo puede ser hasta fúnebre pero no serio.

Pero volvamos a los serios fondos del humorismo que no están en el fondo vacío del «seriecista».

Como se sabe, el epigrama comenzó siendo el epitafio, la inscripción fúnebre a la que se llamaba así.

Un modelo de epigrama tumbal fue el que figuró en la lápida de los caídos en las Termópilas: «Extranjero, ve y di a los lacedemonios que estamos aquí tumbados, dóciles a la palabra que ellos habían dado».

Después de muchos solemnes epigramas vino el epigrama agudo y jovial que, según la ley clásica:

> A la abeja semejante
> para que cause placer
> el epigrama ha de ser
> pequeño, dulce y punzante.

Entre esos dos significados oscila el humorismo cuyo sentido está sintetizado en otro epigrama descriptivo y anónimo que viene de Grecia:

Como lo hiciste, mientras existías,
llora, Heráclito, llora
sobre la humana vida:
más miserable aún en nuestras horas...
Tú, Demócrito, ríe
más de esta vida que de la de antaño,
pues ella no fue nunca tan risible.
Yo, al miraros, vacilo...
y no sé si llorar, contigo, Heráclito,
o sí, Demócrito, reír, contigo.

El humorista está en esa posición del epigramático anónimo y por lo tanto participa de la tristeza y de la alegría siendo tan sincero que no sabe a qué carta quedarse.

El viejo estafermo que es el seriecista, si no es un joven ambicioso y solapado, lo involucra todo y quita eficacia a lo solemne y verdaderamente serio.

Así como el hombre serio tiene por norma la rotundidad, el equilibrio y una dramática veracidad, el seriecista, cuando se destaca, juega seriamente con las ideas, no es más que un retórico que aprovecha para la sensiblería la sensibilidad y eso es lo que no está permitido, pues se juega humorísticamente con las ideas, no engaña, pero jugar con ellas, so capa de seriedad, es una falsificación.

El seriecista es un fracasado, así como el hombre serio es un hombre triunfante que puede saludar al humorista sin que le desdore cambiar una sonrisa con él.

El seriecista busca la pared del fondo de la polémica y se apoya en ella simulando tristeza. Nadie se mueve, todos quieren vivir, encontrar la orientación, vivir con pasión y fe, pero el seriecista proyecta sobre todos su rostro desabrido.

No es que tenga el seriecista humor negro, porque ello ya sería humorismo, y André Bretón plumeó una vez la Antología del Humor Negro. El seriecista solo tiene imitada compunción.

Hay que entrar más en el secreto del humor, hay que saber soportar los dolores y las catástrofes humanas con lo único que las cura un poco, que no las irrita, con la socarronería del humor.

Ese juicio desinteresado que es, según Fisher, el juicio humorístico, debe dar seriedad al espectador de catástrofes y comprender que no se ríe del dolor, sino que consuela al dolor.

Thackeray dijo que «el humorista no solo pone de relieve el ridículo de las cosas, sino que además provoca a la piedad».

Freud creía, como Taine, que el elemento sublime le es inherente al humorismo y que así sobrepasa las formas inferiores de lo cómico.

El humorista llega al absurdo, pero hay que acompañarle porque a lo mejor se desprende una gran lección de su absurdidad.

¿Habrá más fino humor que el que desembolsa el maestro del *humour* que fue Shakespeare cuando encara al rey Claudio con Hamlet después de la muerte de Polonio?

> Rey. —¿Dónde está Polonio?
> Hamlet. —De comida.
> Rey. —¿De comida? ¿Dónde?
> Hamlet. —De un banquete muy particular en que, en vez de comer, se es comido.

El humorista se deja llevar por el azar y lo contempla místicamente. Él le dicta muchas cosas.

El humorista considera de cierto modo que todo es milagro en la vida y que todo podría suceder de otro modo al que ha sucedido, sorprendiéndonos, maravillándonos.

Como ha dicho Picasso, «ya es un milagro que no nos derritamos en el baño como un terrón en un vaso de agua».

Gracias al humorismo todo eso que hay en la vida y que parece engendro vuelve a enquiciarse en lo humano.

El seriecista debe dejar en paz al humorista, comprenderle en su absentismo, verle como ausente porque está buscando el contraste entre las cosas diametralmente opuestas para después encontrar la semejanza. ¡No lleva eso poco tiempo!

Aquí estoy yo que voy a decir para que el seriecista se dé cuenta de que lo trágico tiene beligerancia en la prosa al parecer desquiciada del humorista:

Que estamos en vísperas de la zarabanda prostrera, ese galop que cerraba los bailes de París en 1900.

Mientras no aparecía ese cartel último que decía
GALOP FINAL

No se daba por terminada la baraúnda pasional de la noche.

Hasta que no se realice ese galop final que no está teñido con la idea de la danza de la muerte, no vendrá el día nuevo de la civilización reintegrada a su paz y a su orden.

Eso dice el humorista con aire zumbón, como si no hubiese dicho nada, y espera que el seriecista vea cómo sin corromper el estilo del humor se puede decir algo trascendental y augural.

Un enemigo del humorismo ha dicho «que el arte compone y el humorismo descompone», sin tener en cuenta esa otra composición que hay en lo humorístico, que aunque no es un sistema de aplicaciones y armonías, sino de situaciones extremas, también tiene su alcurnia creadora y confeccionadora, que solo al tirar contra él con bala rasa puede desconocerse.

Otros creen que es una forma catastrófica del arte y que lleva al desequilibrio, pero en esos está más clara su condición de no entender.

Para imaginarse un ser que haya pasado por toda la civilización, ya en la hora final del mundo, hay que imaginárselo convertido al humorismo, supremo humorista.

Macedonio Fernández ha dictaminado admirablemente sobre el humorismo cuando dice que no se propone dar una teoría de la humorística como cultura del momento de nada intelectual, no como realística de sucesos de chasco, diré que así como los personajes tienen aquel destino nuevo y único que yo les señalo, así en Humorística los sucesos, el suceso mínimo necesario, no se proponen la creencia en el sucedido, sino sostener una expectativa de *entender* y derivarla instantáneamente a un segundo de creencia en lo absurdo.

«El mundo –ha dicho Horacio Walpole– es a la vez una comedia y una tragedia: una comedia para el hombre que piensa y una tragedia para el hombre que siente».

El humorista reúne a esos dos hombres en uno solo.

Lo humorístico[3]

Lo humorístico siempre será más alto sentimiento que lo cómico porque no cometerá nunca el exceso de lo cómico que considera el mundo en liquidación cuando el mundo hay que considerarlo en creación.

El humorismo precisamente por su sublimidad no ofende a quienes pinta.

La gracia regional de lo cómico no puede competir con la gracia humorística que es cósmica y universal, pero Bergson, que es el hombre mejor vestido de profesor que he conocido y que por lo tanto es el menos indicado para definir lo cómico, ha dejado enredadas las ideas de lo cómico y de lo humorístico mezclando a lo ridículo en la risa.

El humor en «lata» filosófica colinda con la «bromatología» en broma más seria que se puede pactar, pues es la ciencia de descubrir la «brotulina», el más activo veneno de intoxicación que está en el fondo de las latas de conserva.

~~En el verdadero humor triunfa el azar que es lo que más les consterna a los filósofos.~~ [tachado]

En el humorismo no está el resorte burdo del juguete mecánico de la broma, sino que su mecanismo es el libre albedrío humano. El humorismo es el juicio desinteresado por excelencia y lo inactual aunque esté hecho de actualidad.

Es lo terrible sublime y lo burlón sublime y no tiene desarmonía ni es la antítesis de lo estético, pues cree como nadie en la estética suprema, más allá de la estética, entrevisión solo a través de los cielos rotos.

[...]

---

3   Transcripción de las anotaciones sobre el humorismo que se conservan en el fondo de manuscritos de la Biblioteca Nacional de España. Son un total de veintiuna cuartillas de 23×16 cm escritas a plumilla con tinta roja sobre un papel amarillo, se adquirieron en 1998. No tienen fecha ni comentarios. En la primera página aparece en la esquina superior izquierda la frase subrayada «añadido humorismo». *(N. de la A.)*

Repinte del humorismo [tachado con una línea ondulada en forma de hélices]

El humorista prepara el mundo para el futuro, pues las ideas trascendentales y serias y pacifistas no habían dado resultado y la humanidad se había lanzado sin contrafreno a la más sanguinaria contienda.

Solo por el humorismo, si hay más humorismo en la sangre de los humanos se logrará detener una nueva contienda.

Entre las primeras que debían abundar en el momento debía de figurar la primera:

—Si salgo de esta catástrofe, voy a practicar más el humorismo y voy a enseñar a ser humoristas a todos mis hijos.

En la oposición al humorismo anterior a la guerra se llamaba titiritero al humorista. Parecía que el humorista era el que podía despertar a los hombres técnicos, pero al fin ha resultado que los hombres técnicos han despeñado al humorista y se han despeñado ellos en una guerra que era lo que maquinaba su seriedad.

El humorismo universal –se ve que la caricatura política no sirve sino para enzarzar más las cosas– arreglará el mundo. Los que han lanzado a la actual guerra a los hombres hicieron primero una experiencia contrahumorística, es decir, se presentaron con un atuendo bajo, haciendo gestos absurdos, componiéndose una carátula que hubiese dado risa si sus pueblos hubieran sido más humorísticos.

Así descubrieron que su época no era época de humor, que estaba en situación negativa y entonces se atrevieron a todo.

Si hubieran estado sus pueblos en posición positiva, exhuberantes de humorismo, no hubiera prosperado y hubiera pedido más rigor intelectual, más versación, más ingenio en los opositores al usufructo del poder.

Demostrando que las ideas fanáticas y torvas llevan a la catástrofe, hay que hacer una propaganda humorística que dé a los pueblos un aire sarcástico, haciéndoles capaces de detener a tiempo la ira de la guerra.

Hasta la utopía que parecía algo bondadoso y soñador se ha impacientado tanto que quiere llegar a su consecución gracias a la sangre derramada.

Así, la idea que brillaba en lo remoto y que era como una fantasía del pensamiento se ha tornado urgente pretensión, loco desalterado que quiere imponerse al tiempo presente y nada más que al presente.

El humorismo entona a los seres, les hace ver lo desproporcionado y les hace desconfiar de los seres levitudos, nada más que levitudos.

A una multitud humorística le será difícil de mover al demagogo, y en vez de rodearle con el proselitismo inconsciente y apresurado de siempre le mirará calándole hasta en sus peores intenciones.

La humorística verdadera no es burla sino comprensión y permite el temor por las grandes ideas y los grandes sentimientos.

Lo único que no permite es el abuso de esos grandes resortes y se da cuenta de cuando por ese camino natural se la lleva hacia malos fines.

El humor esparcido en la atención por la conferencia, la conversación o el libro es mi seguro humano, que va a ser el más inopinable el más seguro.

El humorismo no es estrépito, chiste, francachela sino lo profundo dado con sorna, más asimilable gracias a la concomitancia con la burla. Cosas que entren en uno y pasen y se vayan hay muchas. Lo necesario es que lo que penetra en uno se detenga, sea forzoso que se organice en el ser humano, sirva como ingrediente para defenderse con una sonrisa, para desconfiar para tener instinto de vivir, el instinto de la cierta alegría, porque el instinto de la cierta tristeza, es instinto de morir. Solo –el humorismo– los dos infinitos aglutinados dan la máxima defensa.

En mis recuerdos de la universidad figuran como profesores que hacían recordar las más difíciles materias solo los que las explicaban con gracia, aclarándolas con cierto humorismo.

El humorismo, que tiene tan difícil definición como el romanticismo, es lo inconcebible, mejor dicho el osado deseo de concebir lo inconcebible que da algún modo pueda esbozarlo.

No por eso el humorismo no es una aberración, pues la aberración es el límite nefasto del verdadero humorismo.

Tan importante es el humorismo que es el único género que es hermano de lo sublime, es el hermano desdichado de lo sublime, el hermano incrédulo que lo echa todo a perder, en cuyo rasgo si hay desilusión también hay cierto magno consuelo para la humanidad abrumada por las glorias y las disputas.

En el humorismo entra como en nada el azar, que es un elemento vital que es el preponderante en la vida y que despeja el agobio humano. El azar –ha dicho el modernista Max-Ernst– es el maestro del humor.

Menéndez Pelayo, que tan genialmente se dio cuenta de todo, ve en el humorismo «lo cómico romántico», es decir, la inclusión en lo cómico del carácter de infinitud propio de la musa romántica, la manifestación de lo finito en lo infinito.

El humorismo logra realizar con arte el mundo ilógico –ese gran mundo que está inmediatamente detrás de nuestro pequeño mundo– y es libertador por un momento de la vida y de la muerte.

Logra una verdad posible más alegre que la verdad evidente y ya más que posible, realizada.

Es la más espontánea expresión, la menos metodizada pero la más poética y la de más alcance del asombro que produce el mundo. Federico Hegel dijo del humorismo que «es la única creación completa de la vida».

Elige el humorismo entre las posibilidades del mundo, la posibilidad más hipotética, lo que quizás no podría realizarse pero la que sería más divertida que se realizase y siempre la acaricia la imaginación y la sub-consciencia que anida en el alma.

Por eso el humorismo es como el cumplir un ideal medio grotesco medio superidealizado, lo soñado entre cielo y tierra.

No tiene fanatismo ni escepticismo y en ese sentido solo representa lo ecléctico, un eclecticismo excepcional que lucha con las mayorías confusas y confusionistas. Por eso lo que más le hace sufrir al humorismo es cuando en carnaval se dice que la multitud «derrochó humorismo», cuando es el periodo de mayor calvario para el humorista.

Pero el gran intríngulis del humorismo es su esencial contraste, el cómo juega con el dolor y con la alegría.

El humorista toma a lo trágico lo cómico y a lo cómico lo trágico, o quizás llega a más llegar a tomar lo trágico y lo cómico como igualmente trágicos.

Frente al lema de Beethoven de ascender a la alegría por el dolor, el humorismo traza un laberinto total por el cual va por la alegría al dolor y por el dolor a la alegría, es decir, un juego de escaleras de caracol, la una para bajar y la otra para subir, unidas en el mismo eje ascendente y para después igual sirven para subir o bajar las dos.

Como se ve, el humorismo es una cosa intrincada y seria, tan seria que el humor es bromear en serio, o sea, reír con seriedad.

«El humor –dice el refranero inglés– es más que ingenio». Desde luego, con todos esos ingredientes que tiene es lo único que limpia la vida como la guerra, pero incruentamente y por eso es lo único que se podría oponer a futuras guerras.

El pobre humorista es el bombero último de la humanidad, al que se llama cuando ya el incendio se ha apoderado de la vida.

El humorista vestido con traje amiantado y vestido de bombero salvador sube al piso séptimo, donde está lo poético, y en esa atmósfera la toca de amor y lo … plena … de belleza y la salva bajándola indemne por la larga escalera.

Es su misión cada vez más en los momentos de gran crisis humana y cuando cualquier otro ser destacado está comprometido en las causas el priz, el humorista, es el que tiene la hermosa neutralidad del bombero.

Ahora se comprenderá de este modo y después de mis palabras aclaratorias por qué hace tanta gracia el bombero, sobre todo el bombero de los teatros en el que siempre han tenido que hacer los autores cómicos porque el bombero representa, en último término, esta exposición del humorista, risueño, tranquilo sin compromisos, el espectador número uno y, sin embargo, es el que en los momentos graves, representa el máximo auxilio, el eficaz medio de salvar el teatro. Pero si todas estas razones no abonasen el gran papel del humorista, recordemos que lo que fundamentalmente es nuestra arquitectura más permanente es una arquitectura humorística, pues el esqueleto en el que se ríe definitivamente la calavera, casi la más perenne sonrisa, es la suprema humorada del hombre.

Reseñas publicadas en prensa acerca de Ramón y el humorismo

GÓMEZ DE LA SERNA EN EL SALÓN DE HUMORISTAS

En el Círculo de Bellas Artes ha dado una notable conferencia el original escritor D. Ramón Gómez de la Serna, que trató, ante numeroso público, del tema elegido, «el humorismo y la funeraria».

El singular gracejo y las ingeniosas observaciones que sabe recoger, con tan particular estilo, el fino espíritu de Sr. Gómez de la Serna, no permiten condensar en unas breves líneas una síntesis de la curiosa disertación.

Definió Gómez de la Serna el humorismo de muy diversas maneras; examinó la vena cómica que en la literatura formó el contraste entre lo fúnebre y lo alegre, y explicó la razón que le llevó a elegir el título de su conferencia, diciendo que es de tal fuerza el humorismo de la funeraria, que forzosamente habrá de titularse así la gran novela humorística que está por escribir.

Añadió que este contraste entre el pesimismo y la alegría se encuentra en nuestra literatura clásica, y citó a Quevedo, que siempre tuvo en la pluma el concepto de la última hora, y a Goya, en cuyos cuadros tiene la muerte un gran valor, y cuya obra se apoya en las campañas y los desastres de la guerra.

Entre otros puntos de vista sobre el tema tratado, expuso el de que habrá necesidad de fomentar los misioneros del humorismo, con el fin de extender este por las regiones del centro de África.

Habló de Fígaro, que tuvo un gesto humorístico al apartarse de la vida y, finalmente, dijo que todo conferenciante debería suicidarse al término de su disertación; pero escapa de esa obligación sin acordarse del público, cuyo suicidio es efectivo. Se disculpó, despidiéndose con esta frase: «Otra vez será».

El Sr. Gómez de la Serna fue muy aplaudido.

ABC, 8 de junio de 1927

CAMINO DE PARÍS
UNA CONFERENCIA DE RAMÓN GÓMEZ DE LA SERNA
SAN SEBASTIÁN 15 (1,30 m.)

En el Ateneo Guipuzcoano dio una conferencia Ramón Gómez de la Serna, numeroso público quedó sin poder oírla por insuficiencia del local.

Gómez de la Serna definió el humorismo, diferenciándolo de la ironía, de la farsa, de lo grotesco y de la sátira. Recordó y explicó su conferencia desde el trapecio de un circo de Madrid y sus cuartillas desde lo alto de un elefante en el homenaje que recibió en París.

Aludió también a «Los medios seres», explicando su concepción y desarrollo y las modificaciones que piensa introducir en la obra.

Fue muy aplaudido y felicitado. Terminada la conferencia, la Directiva del Ateneo le obsequió con un banquete. Mañana marchará a París. (Febus)

El Sol, 15 de enero de 1930

MANUSCRITOS SOBRE HUMORISMO[1]

1   Ramón Gómez de la Serna Papers, 1906-1967, SC.1967.04, Special Collections Department, University of Pittsburgh. Selección de papeles de la carpeta «Humorismo» que Ramón dejó inconclusos a su muerte en Buenos Aires en 1963. Muchos de estos cuadernos que acumulaba con diarios y agendas fueron trasladados a Estados Unidos. Actualmente los custodia la Biblioteca de la Universidad de Pittsburgh y se pueden consultar en: digital.library.pitt.edu/islandora/object/pitt%3Aus-ppiu-sc196704/viewer

Se trata de unas 60.000 notas y manuscritos originales, que constituyen el núcleo de la colección. También incluyen fotografías, recortes de prensa y primeras ediciones anotadas de sus escritos publicados. Aunque la colección abarca el periodo comprendido entre 1906 y 1967, la mayor parte del material data de entre 1936 y 1963.

Tipos
← Humorismo SOL DEL TURISMO

344

Era turista pero no
auto.

Visitaba ante todo las
oficinas de turismo y le hacían
confeccionar presupuestos de
viaje.

Iba con recomendación a
los hoteles y llevaba recomendación
hasta para las colas de agua
de las cataratas.

Los ojos de agua le recomoian
como la perfecta turista

Humor

353

Los que vieron
la cabeza de la Lamballe

Todos decían que habían
visto la cabeza en
la pica—

Su coquetería tuvo su
más preciosa apoteosis
No pudo quejarse ante
el tribunal supremo de las
descabezadas —
Bella, ¡bien peinada

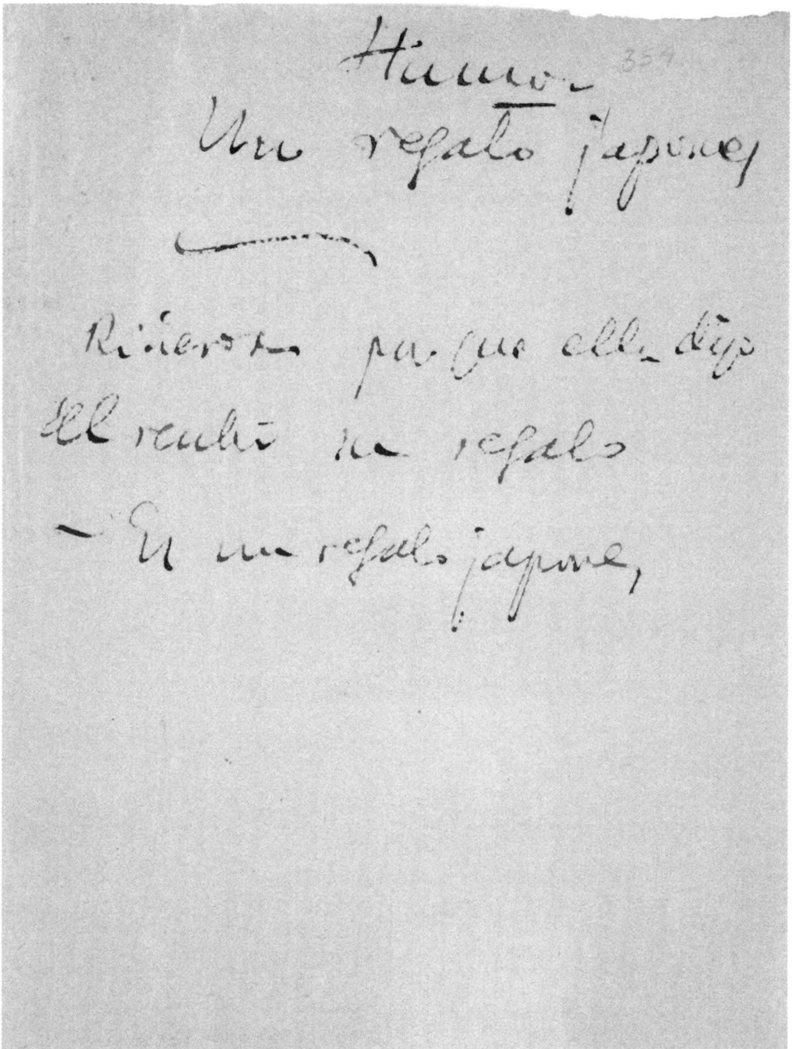

Humor
Un regalo japonés

Riéronse porque ella dijo
Él recibió un regalo
— Es un regalo japonés,

Humorismo

Problemas 356

Cinco en avión
se tiran todos,
3 tienen paracaídas
2 no
avería en el avión
¿Cuántos se salvan?

¿Los tres con paracaídas?
No por que no se
abrieron los paracaídas
y la avería del avión
le permite aterrizar salvándose
a los otros dos

Humorismo

Lo que escribiríamos
en la pared –

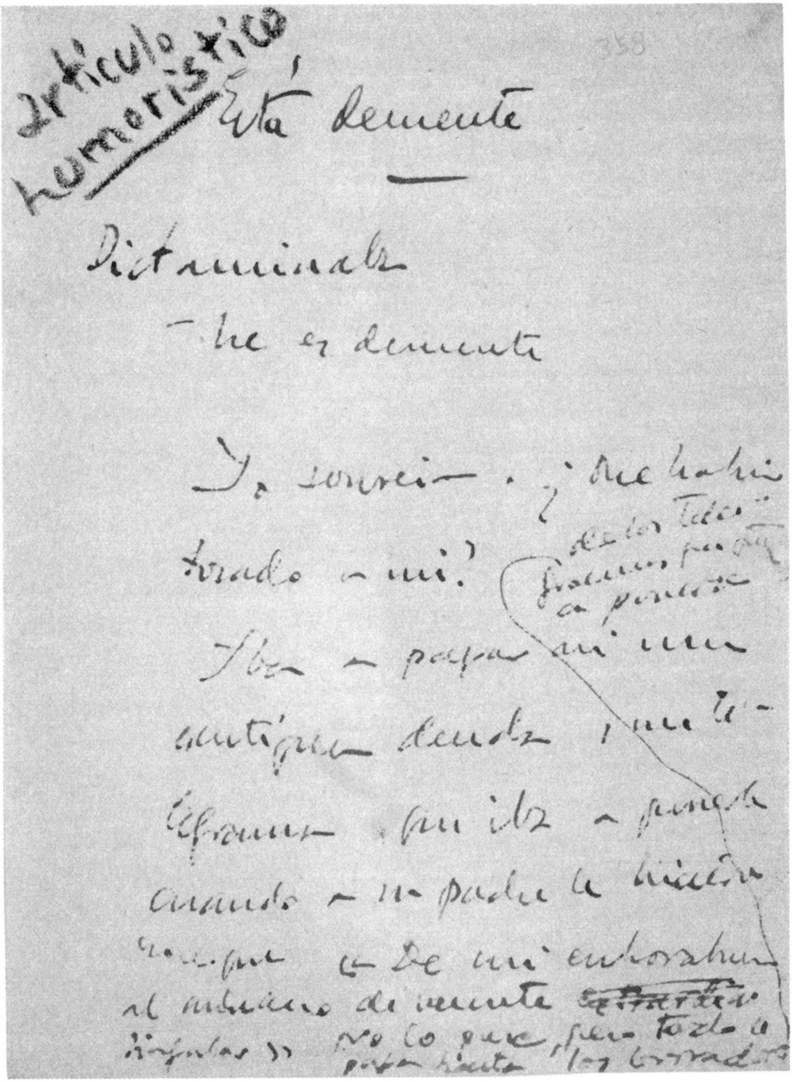

Artículo humorístico

Está demente

—

Dictaminadla

— he es demente

Yo sonreí— ¿Me habría
trado a mí?

Iba — papar an una
antigua deuda y un te-
legrama en ita a puesta
cuando — su padre le hiciera
noraque — de mí enhorabuena
al número de veinte
vírgulas ») No lo que pien todo a
```
(los textos illegibles)
```

purísima

357

Antiguos jugadores
de ~~Trujillo~~

Se enamoraban
de los gemelos de un
compañero y por
eso jugaban intermi-
nablemente.

artículo humorístico que no espera

mas que irse del Fa[...]

—

En el Teatro al H[...] el

tercer acto se descubre

una señora que no esta

esperando sino irse

Y se pone el sombrero

y los guantes

y

HUMOR.

COMO SE PREPARA

UN ACUARIUM

[manuscrito ilegible]

Manuscrito

362

La butaca
fumadora

Estaba encantada.
Se refitiba en ella
y tenía una felicidad
inextricable
El médico le dijo
— No fume
— ¿Pero y una butaca
fumadora?

Humorística

363

/Observaciones para
viajes —

No querer dar prisa
al jefe de estación
para que llegue antes el
tren
            desde fuera
. No querer abrir hacia
dentro las portezuelas

No jugar en la larga
espera con el morse tele-
gráfico del jefe, pues
por una casualidad puede
darse salida a un tren
que no debiera salir

Humorismo

Los maniquíes

Adorar los
maniquíes

Humorismo   365   **Artículo humorístico**
Hermana de leche

———

Hermana de vapor

hermana de tranvía

hermana de cola

hermana de suerte

Artículo humorístico

Descubriendo un complot

Van a poder pasar el día 1 por día 2 del mes próximo

No se lo que se propio[n]en, si posterga[r] pagos, dejar caducada[s] letras

pero hay esa complot[a]

Los Banco[s] corren un peligro y Toda la Economía nacional puede verse comprometida.

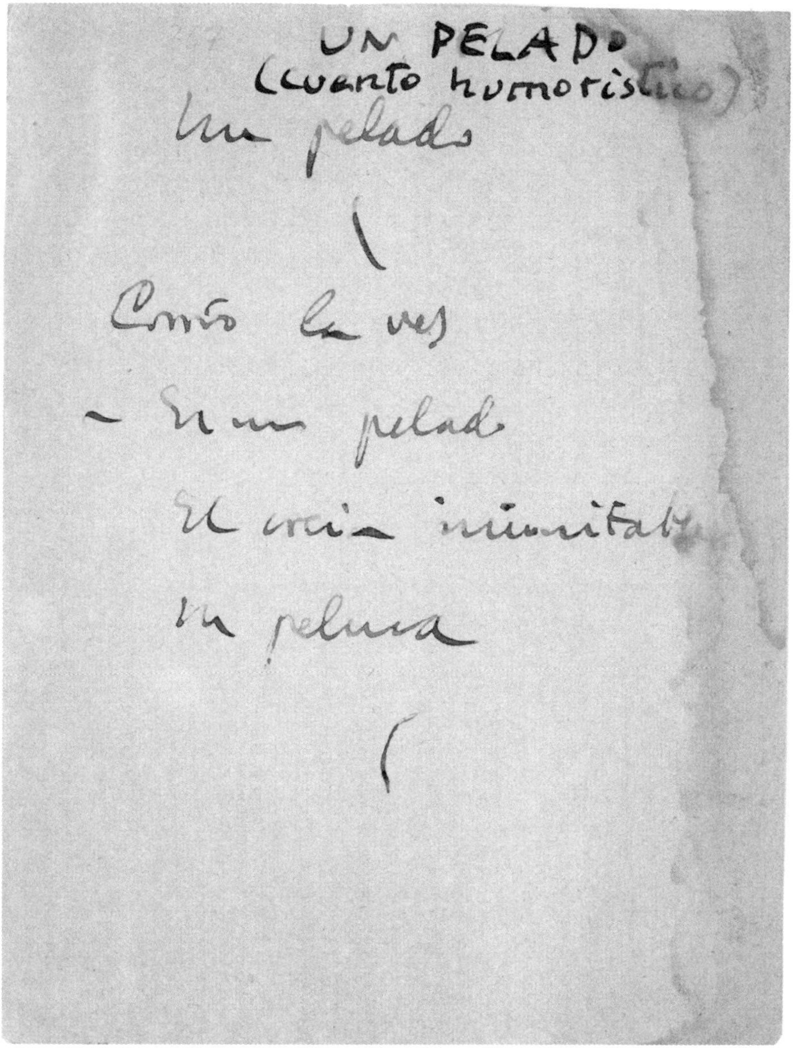
UN PELADO
(cuento humorístico)

Un pelado

(

Como la ves

– Es un pelado

El creía inimitable

su peluca

(

Artículo Humorístico   346

Cumpleaños
de mi
paraguas

Novela
humorística certificado buena
conducta

"Si yo no tuviese título en
su trabajo

Se le ocurrió la
peluquería

« Hace diez años que
« sirve en esta peluquería
y siempre observó buen
comportamiento y mejores
cualidades mientras se veía basta
y pela »

LOCOMAQUIA

No Logomaquias

D$\stackrel{o}{\text{---}}$

HUMOR

349

Especialista
en Cabezas
de Toro

Había leído la
estadística de todos
los que había matado
Frascuelo.

[anotación al margen de difícil lectura]

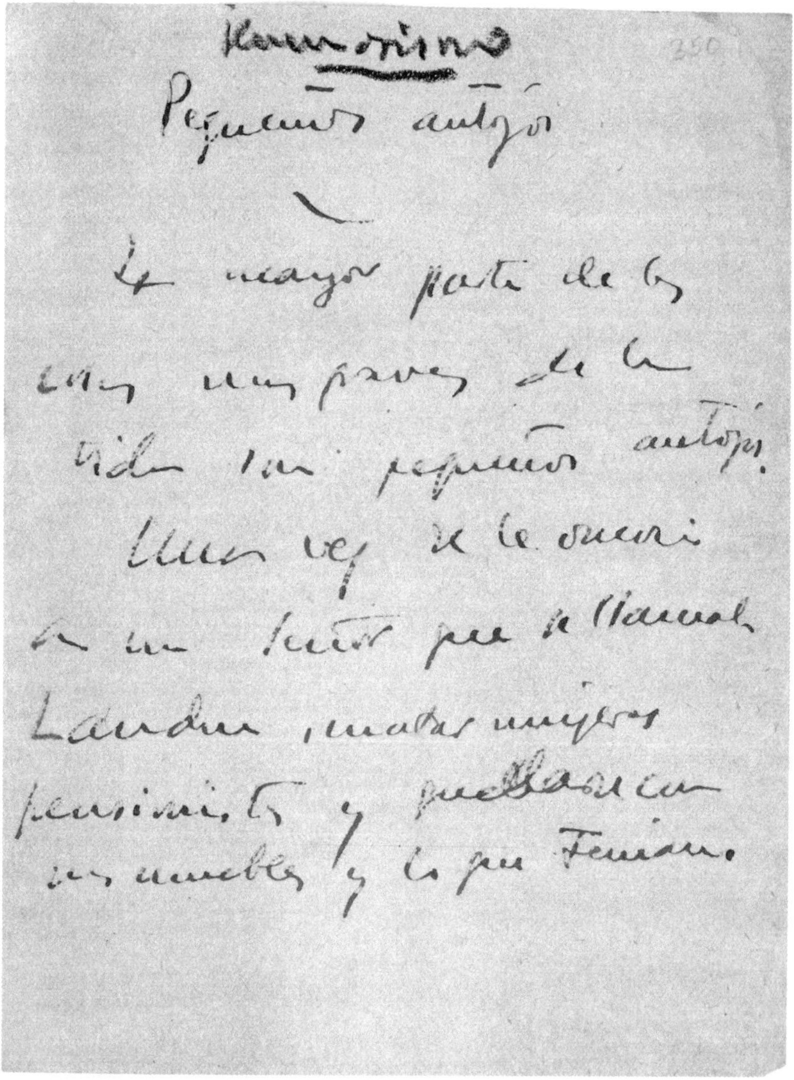

Ramonismo

Pequeños autógrafos

La mayor parte de las
cosas muy graves de la
vida son pequeños autógrafos.
Una vez se le ocurrió
a un lector que se llamaba
Landru, matar mujeres
pensionistas y quemarlas con
sus muebles y lo que tenían.

Humorismo   S U P É R S T I T E   351

Comete ud...

¿Puedo yo ser
también supérstite?

Siempre oigo decir
Cónyuge y tengo entendido
no de ser cónyuge que
sale a enyugado sin
supérstite

Humorismo

Piernografía *con ilustraciones*

Cuando la

humanidad

comienza a soñar

que es cuando hace

las primeras cosas

de Arte, hace

piernas inmensas y

entrelazadas —

AGRADECIMIENTOS

Mi agradecimiento a Brigitta Arden, responsable de la Biblioteca Hillman, de la Universidad de Pittsburgh, por haberme ayudado en la búsqueda de documentos, en la «Ramón Gómez de la Serna Collection», que custodia el Archivo de dicha biblioteca. Y un especial agradecimiento a Carolina Ghioldi y herederos de Ramón Gómez de la Serna.

ÍNDICE

Este libro está compuesto con la tipografía Untitled Serif.
Se terminó de imprimir en los talleres de Kadmos
en febrero de 2026.

Para evitar contaminantes innecesarios, hemos prescindido
tanto del plastificado como del retractilado, de forma
que la cartulina de la cubierta podría deteriorarse
levemente en alguna fase de su distribución.